クラスの絆がグッと深まる!

「なわとび」
絶対成功の指導BOOK

関西体育授業研究会 著

明治図書

はじめに

　なわとびは，体つくり運動領域に位置づけられています。子どもたちになじみがあり，狭い場所でも効果的に運動できる価値のある教材です。運動の種類や技の多様性を基にした教材としての可能性を考えると，1つの領域とすることもできる運動です。

　なわとびの指導では，なわとびカードなどを用いて，新たな技や連続跳躍記録に挑戦させたり，跳躍回数を競わせたりする取り組みが行われてきました。スモールステップの課題や競争によって多くの子どもが動機づけられ，体育の時間はもちろん，休み時間や放課後にもなわをとぶことで体力を向上させてきたといえます。また，長なわとびでは，集団で連続とびの記録に挑戦することで目的意識を共有し，集団として意欲的に取り組む姿も見られました。しかし，数や勝利が目的になってしまうことによって，ひっかかる，負けるといった不安を抱かせたり，体力向上のために鍛錬のような活動になり，「もうやりたくない」と思わせたりするなどの問題が起きる可能性もあるのです。すべての子どもになわとび運動の楽しさを味わわせ，できるようにするためには，さらなる工夫が求められるといえます。

　本書は，「競争から共創へ」をコンセプトに，本研究会会員が積み重ねてきた実践から，子ども同士のかかわり合いや指導者の適切な指導に焦点を当て，「かかわりながらできるようになる楽しいなわとびの授業」につながる内容を精選して掲載しています。これらの内容が，よりよい体育授業をめざすみなさんの指導の一助になれば幸いです。

関西体育授業研究会
池川　佳志

contents

はじめに 2

第1章 「なわとび」で仲間とつながる！「キズナワ」の魅力 5

1　なわとびってどんな運動？ 6
2　新なわとび「キズナワ」とは？ 7
3　「キズナワ」が大活躍！活用場面イロイロ 9
　コラム　なわとびは子どもも教師もつながるツール　10

第2章 「なわとび」の技　全部紹介 11

1 仲間づくりに最適！短なわ編 12

1　短なわのポイント 12
2　活動人数別　技一覧 16

1人編

なわとびにつながる運動遊び 16
止め技 20
前回しとび 23
かけ足とび 28
後ろ回しとび（後ろとび） 30
あやとび（オープンクロス） 33
交差とび（クロス） 36
後ろ交差とび 37
サイドスイング（側回旋） 38
前後交差とび（混合交差・ＥＢ） 40
背面交差とび（ＴＳ） 41
かえし（フェイクＥＢ） 42
二重とび（二重回し，ダブルアンダー） 44
あや二重とび（ハヤブサ，オープンクロス） 49
交差二重とび 52
サイドクロス（側しんとび） 53
後ろ二重とび 54

2人編

- 2イン1（2人1本なわ）向かい合い2人1本とび ……………………………… 56
- 2イン1（2人1本なわ）横並び2人1本同時とび ……………………………… 58
- 2イン1（2人1本なわ）横並び2人1本交互とび ……………………………… 59
- 2イン2（2人2本なわ）横並び2人2本同時とび ……………………………… 62

多人数編

- 3イン1（3人1本なわ）横並び3人1本同時とび ……………………………… 65
- 3イン3（3人3本なわ）横並び3人3本同時とび ……………………………… 67
- トラベラー …………………………………………………………………………… 68

3 授業展開モデル ………………………………………………………………………… 72

2 クラスづくりに最適！中なわ編 …………………………………………… 74

1 活動人数・編成別　技一覧 ……………………………………………………… 74
　■1人編　74　　■多人数編　77　　■複数なわ編　80　　■組み合わせ編　85

2 授業展開モデル ………………………………………………………………………… 86

3 「絆」づくりに最適！長なわ編 …………………………………………… 88

1 種類別　技一覧 …………………………………………………………………… 89
　■8の字とび　89　　■一斉ジャンプ　92

2 授業展開モデル ………………………………………………………………………… 96

> **コラム** 1本のなわがつくり出した1年のドラマ　98

第3章　運動会でみんながつながる！「なわとび」集団演技プログラム …… 99

1 基本隊形例 ……………………………………………………………………………… 100

2 魅せ方 …………………………………………………………………………………… 102

> **コラム** なわとびがつなぐ子どもの心・人と人がつながる「キズナワ」　103

3 入場時・移動時例 ……………………………………………………………………… 104

4 おすすめ選曲リスト …………………………………………………………………… 108

5 集団演技作品 …………………………………………………………………………… 110
　■中学年「Anniversary!!」（E-girls）　110　　■高学年「UFO」（ピンク・レディ）　116

> **コラム** なわとびのもつ魅力　119

執筆者一覧 ………………………………………………………………………………… 120

第 **1** 章

「なわとび」で仲間とつながる！
「キズナワ」の魅力

「せ〜のでとびはじめるよ！」
「もっとなわを大きく回そうよ」
「どうすればうまくいくのかみんなで考えよう」……
この「キズナワ」では，そんな言葉がたくさん生まれます。仲間とかかわる場面がたくさん生まれます。仲間とつながります。まずは，「キズナワ」の考え方を紹介します。各学校で，様々な場面で活用することができます。

1 なわとびってどんな運動？

　なわとびは，いつでもどこでも，なわさえあれば手軽に取り組める運動です。なわを回す，とぶといったシンプルな動きからなり，目的や人数に合わせて内容を決められるフレキシブルな運動です。なわをリズミカルにとぶことや仲間とかかわり合いながらとぶことが楽しい運動であり，新たな技や回数への挑戦により意欲を喚起される運動でもあります。昔からなわとびは，わらべうたに合わせてとんだり，とび方を工夫したりしながら，子どもの遊びとして楽しまれてきました。一方，学校では，体力向上や集団づくりのための手段性の高い運動として用いられ，短なわとびや長なわとび，なわを組み合わせたとび方などの多様ななわとびが行われてきました。

　短なわとびは，なわや自分の身体と対話しながら新しい技を習得することができる運動です。習得した技を続けてとんで回数を増やしたり，いくつかの技を組み合わせてとんだりすることができます。長なわとびは，回し手同士が互いの動きを感じながらなわを回し，とび手がなわの動きに合わせてとびます。場合によっては，回し手がとび手に合わせて回すこともあり，回し手ととび手の相互の関係によって成り立っています。長なわの中で短なわをとぶなどのなわを組み合わせたとび方では，動きを合わせることがさらに難しくなり，巧みさが増すといえます。このように，なわを操作したり，なわの動きに合わせてとんだりすることにより「多様な動き」や「巧みな動き」を高めることが期待できる運動です。また，時間や跳躍回数などの個人に合った数値目標を示すことにより，動きを持続する能力を高める効果も期待できます。

　これまで指導者は，手段としてのなわとびに子どもたちを動機づけるために様々な手立てを工夫してきました。多く見られたのが，達成目標を数値化して示した「なわとびカード」や仲間との競争によって動機づける「連続回数競争」です。子どもは，カードにある目標に向かってとび続けることによって記録を向上させたり，仲間との競争に勝ったりして達成感を得ながら体力を高めることができたのです。

　このように「競争」に動機づけられた子どもがいる一方で，「ひっかかる」「負ける」といった不安を抱く子どもがいたり，活動が機械的に記録をめざす鍛錬のようになったりして，子どもに「もうやりたくない」と思わせることはなかったでしょうか。なわとびは，「できた」「勝った」といった数や勝利が目的になってしまう危険性をもっているのです。

　そこで，私たちは，「できた」「勝った」に縛られず，仲間と共に楽しむことのできる新なわとび「キズナワ」を提唱します。

2 新なわとび「キズナワ」とは？

　「仲間とともに行う」なわとびを教材として活用したものが，新なわとび「キズナワ」です。「キズナワ」は，仲間と共に学び，高め合うことのできるなわとびであり，仲間と共に創る共創のなわとびです。

　ネットやテレビで紹介されたアメリカ有数のなわとびパフォーマンス集団である「ファイヤークラッカー」をご存知でしょうか。彼女たちが行う多様ななわとびの演技は，まさに巧みな動きの連続で魅力にあふれています。特に，短なわとびの1人技のパフォーマンスは巧みさにあふれており，まるでアクロバットを見ているようで目を引くものがあります。しかし，彼女たちのパフォーマンスのほとんどは複数のパフォーマーが巧みにかかわり合ってつくり出されているものです。なわとびの本質は巧みな動きにあり，仲間と共に行うことでより複雑になり楽しさも増すと確信できます。

　なわとびの学びを考えるうえで，この「仲間と共に行う」という視点はたいへん重要です。仲間と共に行う長なわとびはもちろん，個人的な運動ととらえられてきた短なわとびも，集団化によって仲間と共に行うことができます。短なわとびの集団化は，個人スポーツの床運動の技を基礎として，動きや技を関連づけて集団演技を創造する男子新体操のイメージでとらえることができます。「キズナワ」は，仲間と共に学び，高め合うことのできるなわとびであり，仲間と共に創る共創のなわとびです。がむしゃらに個人の記録を向上させる「カード」や「競争」から仲間とのかかわりの中で学ぶ「共創」へとなわとびの教材としての視点を移すことで，新たな学びが生まれるのです。

　劇作家の平田オリザさんによると，対話は，他者と価値観をすり合わせることで，対話により新たな価値観をつくり出すことができます。会話は，親しい者同士の楽しいおしゃべりのことです。共創のなわとび「キズナワ」では，動きとのかかわり，仲間とのかかわりを通して，自分を見つめながら豊かに学んでいくことができます。ここでは，これらキズナワの活動をただ楽しいといった会話的なものではなく，新たな価値を生み出すものとして対話と表現します。

共創のなわとび「キズナワ」
キーワードは「対話」です

「キズナワ」を表わす漢字（創作文字）です！　なわを通じて絆を生み出します！

第1章　「なわとび」で仲間とつながる！「キズナワ」の魅力

「キズナワ」3つの対話

○動きとの対話
適切になわを操作する，相手の動きに合わせるといった動きと対話することで，新たな動きや技を身につけることができます。

○仲間との対話
話し合い，見せ合い，教え合いなどかかわり合う中で文字通り仲間と対話し，作品をつくり出したり，相互理解を深めたりすることができます。

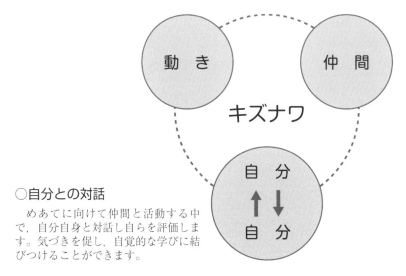

○自分との対話
めあてに向けて仲間と活動する中で，自分自身と対話し自らを評価します。気づきを促し，自覚的な学びに結びつけることができます。

3 「キズナワ」が大活躍！活用場面イロイロ

共創のなわとびである「キズナワ」は，様々な場面で活用することができます。

○授業で

体つくり運動の用具を操作する運動（遊び）の教材として，巧みな動きを高めることができます。共創の学習過程においては必然的にコミュニケーションが交わされ，仲間との話し合いも生まれます。言語活動の充実につながり，学級を学ぶ集団としてさらに高めることも期待できます。

○運動会で

集団演技として「キズナワ」を活用できます。短なわとびの技をシンクロさせたり，隊形移動を工夫したりして演技をつくることができます。演技の中に子どもが工夫した技を表現する時間を設けると，個のがんばりも見える演技になります。

○レクリエーションで

みんなで楽しく，みんなが楽しくなることを目的にしたレクリエーションとして活用できます。なわとびは，ひっかかるからおもしろいと考えて，「ドンマイ」の一言で楽しい雰囲気をつくります。

○授業参観で

我が子が楽しく活動する場面を見たい，我が子のがんばりや成長を見たいという保護者の期待に応えることができます。体育の授業として，アクティブにかかわり合う姿を見てもらうことができます。また，授業参観においてまとめの発表会をすることで，子どもたちは大きな目標をもって演技を創作することができます。

○学年体育で

「キズナワ」を用いることで，学級の枠を取り払った交流を図ることができます。演技の発表会を学年全体で行うこともできます。

コラム　なわとびは子どもも教師もつながるツール

　運動会が終わり，6年生も折り返し地点を過ぎ，小学校生活も残りあとわずか。クラスの子どもたちが積極的にかかわり合い，「友達同士の絆をもっと深められるようななわとびの授業をしたい」との思いから，『キズナワ〜シンクロなわとび〜』を構想しました。

　シンクロなわとびとは，「前とび・交差とび・二重とび・サイドスイング・かえし・マッドドッグ」の個人技と集団技のトラベラーを組み合わせて，グループ演技を創作する集団なわとびです。私が授業の導入で技を紹介したとき，「え？　どうなっているの。もう1回見せて」と意欲的に取り組む子もいれば，「こんなんできへん」と消極的な子もいて，学習がうまく進むかと，正直不安でいっぱいでした。しかし，そんな私の不安をよそに，子どもたちは，自分で身につけた動きのコツを「前から腕を頭の後ろの方にクルッと回して……」「後ろとびの後，腕を途中で止めてその場で回転して……」などと，積極的に友達に教え，また，消極的だった子たちも「○○ちゃん，教えて」「え？　どういうこと。こうかな？」と，友達から教えてもらった動きを自分の動きに取り入れて挑戦する姿がたくさん見られました。今まで同じクラスの中でも，それほどかかわり合いがなかった子たちが，演技を創作するという1つの目標に向かって，自然と一致団結して学習に取り組む姿を見て，とても微笑ましく思いました。

　あるグループでは，運動が苦手なAさんになんとか技を習得させて，みんなで演技を完成させたいと奮闘する姿がありました。「Aちゃん，見といてや。こっちから腕をこう回して……」と何回も丁寧に繰り返す姿に胸が熱くなりました。今まで，体育が大の苦手で，授業も途中でドロップアウトしてしまうことが多かったAさんが，今回の授業では，「とんでみるから見といてや」と終始なわとびをし続け，授業に全時間参加することができました。子どもたち同士のかかわり合いの大切さ・無限の可能性について，改めて私自身が学ぶ機会となりました。

　運動が苦手で，実は友達とのコミュニケーションもうまくとれなかったAさん。そんなAさんが変わるきっかけとなったキズナワ〜シンクロなわとび〜。今では，「なわとびしよう」と休み時間に友達となわとびの練習に励むAさんの姿を見ることができます。卒業文集では，「友達との絆をこれからも大切にしていきたい」という一文が書かれおり，その言葉に，私は思わず目頭を熱くしました。卒業に向かって，さらに絆を深められるような体育の授業の在り方を考えていこうと，決意を新たにしています。

第2章 「なわとび」の技 全部紹介

短なわ，中なわ，長なわ。なわの長さによって3つの呼び方をしています。キズナワで行われる技をなわの種類に分けて紹介していきます。

技のポイントや指導のステップ，活動アイデアや発展技なども併せて紹介しています。各クラスの実態，子どもたちの学習履歴に応じてご活用ください！

1 仲間づくりに最適！短なわ編

①短なわのポイント

○道具（なわ）

・素材

1）プラスチック製

　プラスチック製のなわを使う子どもがほとんどです。中でも，いわゆる「100均のなわ」が多く使われます。プラスチック製のなわは，グリップの継手が回転することで，スムーズに回るようになっています。しかし，グリップの中で結び目をつくって長さを調節した場合，継ぎ手が回転しなくなってしまうことがあります。なわが切れやすくなるうえに，上達の妨げにもなるので，保護者にお願いして適切な長さに切ってもらうことをお勧めします。プラスチック製でも中空のものは軽すぎて操作しにくい傾向があります。また，通常のプラスチック製のなわがうまく操作できない子どもには，ビーズロープを使うようにしています。ビーズロープは，プラスチック製のビーズに化繊の細いなわを通してつくられています。無駄な動きを吸収し，操作しやすくなります。海外では販売されていますが，日本では手に入れにくいようです。ビーズロープが手に入らない場合は，コードをまとめるためのスパイラルのチューブをプラスチック製のなわにつけて使ったり，芯のある繊維のロープを使ったりすることも可能です。

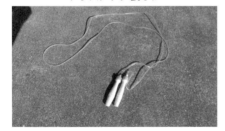
プラスチック製なわ

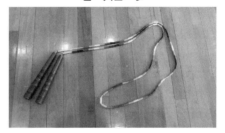
ビーズロープ

2）綿製

　低学年では，幼稚園や保育所のときから持っている綿製のなわを使っている子を見かけます。綿製のなわにも軽いものがあり，中空のプラスチック製と同様に操作しにくい傾向があります。綿製でも，目の詰まったなわや芯のあるものが操作しやすいです。しかし，いずれもプラスチック製と比較して重いため，二重とびなどの多回旋の習得や一定時間にたくさんとぶスピードとびには不向きです。

○グリップ

　いわゆる「100均のなわ」は，短いグリップになります。交差とびの習得でつまずいている子には，長いグリップの方がよいです。グリップが長いと反対側で回しやすくなるためです。長いグリップの方がなわの速度が速いという研究結果も報告されています。

短いグリップ　　　　　　　　　　　　　　　長いグリップ

○なわの保管

　なわが綿製であった時代には，結ぶことでコンパクトに保管することができました。しかし，プラスチック製のなわは，結んで保管すると癖がついて使いにくくなります。特に冬場は，元に戻すことが困難になります。結んで保管させず，マグネットフック等を常設し，なわを半分にして掛けられるようにすると，結んだ癖に悩まされることはありません。

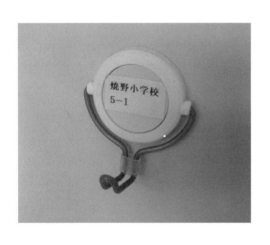

○グリップの握り方

　グリップに親指を沿わせるように持ちます。(右図)
　交差とびの練習では，人差し指を沿わせるように握るようにすると交差しやすくなります。

第2章 「なわとび」の技　全部紹介　13

○なわの長さ

なわを踏んで肩と腰の間にグリップがくるぐらいの長さ。

交差とびの練習では，長めにし，多回旋系の技（二重とび，三重とびなど）では，短めにします。とび方に合った長さは大切で，通常の長さから少し短くするだけで二重とびができるようになることもあります。

○なわの回し方

なわの回し方は，前回しとびの回し方と後回しとびの回し方の２通りです。

前回しとびの手は，前腕を回内（手のひらを上にした状態から下に向ける動き）する方へ回旋させる動きです。一方，後ろ回しとびの手は，回外（手のひらを下にした状態から上に向ける動き）する方へ回旋させる動きです。前者を回内回旋，後者を回外回旋とすると下の表のように技を分類することができます。

交差とびの回し方は後ろ回しとびと同じ，後ろ交差とびの回し方は前回しとびと同じになります。

後ろ回しとびの回し方は，手首をひじの曲がる方向に動かすため，ひじが曲がりやすくなります。

回内回旋	回外回旋	回内回外同時回旋
前回しとび 後ろ交差とび	後ろ回しとび 交差とび 前後交差とび	サイドスイング

○回旋の軸

・左右軸回旋

体の左右軸中心に回す動き。

ほとんどの技が左右軸回旋である。

両手同側回旋（オープン），両手反対側回旋（クロス），

同側・反対側回旋（サイド）がある。

・前後軸回旋

体の前後軸中心に回旋する動き。

プロペラ

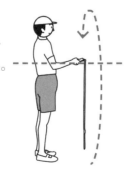

・上下軸回旋

体の上下軸中心に回旋する。

タケコプター

○回旋の中心（下図）

　肩回し：肩を中心に上腕を回すことでなわを回す。
　　　　　（回旋の半径が大きい＝ゆっくり回る）
　　　　　クロールとびやトラベラーで有効に活用できる。
　ひじ回し：ひじを中心に腕を回すことでなわを回す。
　手首回し：手首を回すことでなわを回す。（回旋の半径が小さい＝速く回る）
　　　　　　多回旋系の技で活用できる。

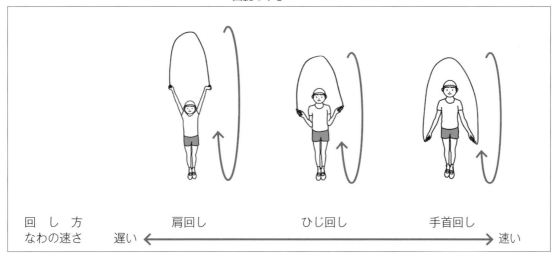

○跳び方

　通常，跳躍は腕を上げてしますが，なわとびは回旋のために腕を下に保ったまま跳躍する運動です。また，なわとび運動は連続性のある運動です。技の終わりの「着地」と次の「跳躍」のはじめがスムーズにつながるようにすることが大切です。

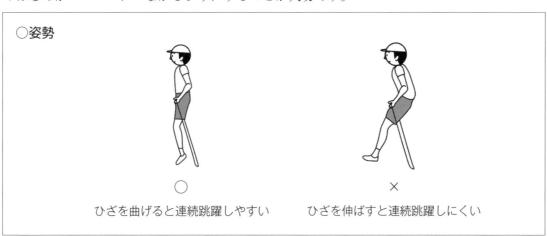

②活動人数別　技一覧

1人編
用具を操作する運動遊び
なわとびにつながる運動遊び

なわを使ったいろいろな遊びを紹介します。遊びながら，身体の使い方を学んでいきます。

 とぶ

みんなでいっしょ！

声を合わせてつま先で連続跳躍しながら，指導者の声で前後左右にとびます。
（<u>下線</u>：その場でとぶ　<u>下線</u>：指示された方にとぶ）

指導者：「<u>みんなでいっしょ</u>」　→　子ども：「<u>みんなでいっしょ</u>」
指導者：「<u>まーえ</u>」　→　子ども：「<u>まーえ</u>」
指導者：「<u>うしろ</u>」　→　子ども：「<u>うしろ</u>」
指導者：「<u>みーぎ</u>」　→　子ども：「<u>みーぎ</u>」
指導者：「<u>ひだり</u>」　→　子ども：「<u>ひだり</u>」
指導者・子ども：「イェーイ」（ハイタッチ）

グループで縦1列になって行います。横1列でも行えます。

クラス全員が手をつなぎ，輪になって行うこともできます。

ポイント
右と言ったら，左にとぶとか，前と言いながら，後ろにとぶとかバリエーションを加えると盛り上がる。

★★回す

● 基本技

片手持ちサイドスイング前回し　　片手持ちサイドスイング後ろ回し

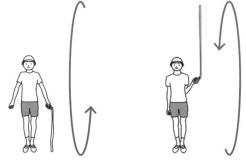
利き手だけでなく，両方で回すようにする

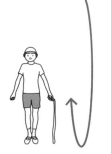
後ろ回しで回す

指導のステップ（回す大きさ）

1 肩回し　　　　**2** ひじ回し　　　　**3** 手首回し

大きく，ゆっくり

速く

さらに速く

指導のステップ（回す向き）

1 反対側で回す　**2** 同側と反対側交互に回す　**3** 反対の手で回す　**4** 後ろ回しでステップ1〜3をする

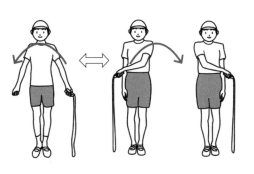

> 👆 **ポイント**
> なわを止めないように素早く持ち替える。口伴奏でリズムをとるとよい。

第2章　「なわとび」の技　全部紹介

活動アイデア

いろんな楽しみ方にチャレンジ！

交互に持ち替えて回す

片手持ちで回しながら，正面で持ち替えます。

ひだり

みぎ

歩きながら回す

なわが地面に当たるときに，足が地面から離れるように，リズミカルに回すようにします。

歩きながら

両足でとびながら

発展技

歩きとび・かけあしとび（移動）

右手左手それぞれにグリップを持ち，回しながら前進します。

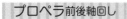

プロペラ前後軸回し

へその前で回す

ヘリコプター上下軸回し

頭上で回す

ドローン上下軸回し

足を交互に上げなわを避けながら足の下で回す

活動アイデア

いろんな楽しみ方にチャレンジ！

ヘリコプターから体勢変化

指導者の声がけで，ヘリコプターから体勢を変化させていきます。

① 「頭の上でなわを回しましょう」　　② 「回したまま座りましょう」
③ 「回したまま上を向いて寝てみましょう」　④ 「座る」　⑤ 「立つ」
⑥ 「なわを止めずにできましたか」

立つ

座る

ポイント
水平に回す。

寝る

※途中で持ち替えたり，逆に回したりすることもできる。

発展技

モンキー

左手右手それぞれにグリップを持ち，ヘリコプターとドローンを同時にします。

片方の腕は頭上でなわを水平方向に回し，もう片方の手は，体の前方の太もも付近に保ちます。

ポイント
頭上の腕を回す。下の手は補助的に回す。

学び合い

とぶのではなく，なわを操作することのみなので，どの子どもも意欲的に参加できます。互いにリズムを言い合ったり，グループで回転を合わせたりするとおもしろいですね。

1人編

用具を操作する運動遊び
止め技

止め技は，授業の導入で子どもをつかむことができます。そのかっこよさから「やってみたい」という子どもの願いを引き出すことができます。

● 基本技

クロスフリーズ

👆 ポイント

なわを前腕に掛けて団子結びをつくるように。

アームラップ

👆 ポイント

なわを巻きつけたい腕を伸ばし，反対の腕のひじを曲げて巻きたい腕の脇の横にもってくる。巻きつけたい腕を肩中心・ひじ中心・手中心の順に。

ヒーローポーズ

👆 **ポイント**

アームラップをし，なわが2回腕に巻きついた後，3回目に腕と反対側の足のひざを曲げて背面から巻きつくなわに足首を掛ける。

4の字とめ

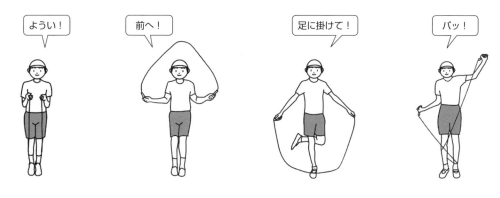

👆 **ポイント**

なわを回して前に来たら片足のひざを曲げ，背面からなわに足首を掛ける。なわに掛かったら足を肩幅に開く。

アームラップの決めポーズ「できたぜ！」

カブースクロスストップ

> 👆 **ポイント**
>
> 開脚し，股の下で腕を交差し，なわを後方へ。ひざの後ろから反対側にグリップを出し，手首を回して体を包み込むようになわを前方へ。

リリースキャッチ

> 👆 **ポイント**
>
> 股をのぞき込むようにしてグリップを股の下から後ろへ投げて床の上を滑らせる。なわがピンと伸びたら上体を起こし腕を前へ伸ばし，グリップを前方へ滑らせ，なわがピンと伸びたら反動で。

何十回，何百回と繰り返すような機械的な習熟ではなく，楽しく運動する中で習熟するようにしたいものです。

カブースクロストップの決めポーズ「どうだ！」

1人編

同側回旋　前回し　1回旋1跳躍　両足とび
前回しとび
（両足とび，ふつうとび，前とび）

> なわが足の下を1回通るごとに1回とびます。すべての技の基本ともいえる技です。

● 基本技

　前回しとびができるようになったころは肩回しでなわを回してとんでいますが，前回しとびで遊ぶ中で習熟し，ひじ回しでとべるようなります（下図はひじ回し）。

指導のステップ（止めを使う）

　なわとびの技のはじめと終わりを意識させるために，よういの姿勢から始め，止めで終わるようにします。終わりの動作としての止めに加えて，とぶためのスモールステップとして止め動作を位置づけます。なわをとぶためには，足の下を通すなわ回しが必要になります。なわを操作し，足の下で止めることが足の下を通す感じをつかむことにつながります。また，タイミングのよい跳躍も重要です。タイミングのよい跳躍のためには，なわがいつ通るかがわからなければいけません。特に後ろ回しの技は，とぶときになわが見えません。止めは，通過するタイミングを体感することができるため，タイミングがわかることにつながります。なわをとぶには，足の下を通すなわ回しとタイミングのよい跳躍が必要になります。この両方の動きのスモールステップとして止め動作が有効です。

1 前回し止め（右足・左足）

横から見た「止め」

2 両足止め

横から見た「止め」

👉 ポイント

足の下を通過させるなわ回しをするために,「止め」を行う。子どもは,なわをとんで止めようとするが,とんでいては「止め」はできない。かかとを地面に着けて,つま先を上げ,地面とつま先の間になわが入るようにすることがポイント。
「右足」「左足」「両足」の順にやる。

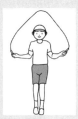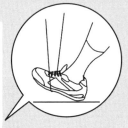

3 連続両足止め（ペンギンさん,ロッキングチェア）

よういっ！　回して！　ドン！　回して！　ドン！　回して！　ドン！

　　　　　　　　両足止め　　　　　両足止め　　　　　両足止め

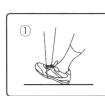

なわと足の動かし方

①つま先を上げてなわを止める。
②足の裏全体を着ける。
③かかとを上げてなわを後方へ抜く。

いろんな楽しみ方をチャレンジ！
左右開閉（グーパー）とび

　グー・パーはいずれも着地時の足の形になるので，なわが床に着いたときのカウントとはずれが生じます。「ジャンプ・グー・ジャンプ・パー」と口伴奏します。

指導のステップ

　なわを持たない「サークルジャンプ」で，①パン（もも）　②グー　③パン（もも）　④パー　とリズミカルにとぶ練習をします。

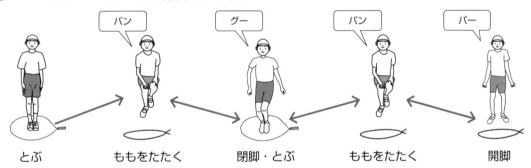

　すべての基本となる前回しとび。このとび方から，2人組や多人数で行う技などいろいろなバリエーションが広がります。

　また，1回旋2跳躍（いわゆる2拍子とび）や1回旋3跳躍（3拍子とび）といったようにリズムを変えるだけで，少し難しい課題ともなります。

発展技

前後開閉（グー‐チョキ）とび

交互開脚（チョキ‐チョキ）とび

前後とび
両足とびで，前後に移動します。

左右とび
両足とびで，左右に移動します。

四角とび
前後左右の移動をつないで，四角形の辺の上を移動し4跳躍で元の位置に戻ります。

キョンシーとび
両足とびを連続しながら前進します。

連続技

グー - パー - グー - パー - グー - グー - パー - パー

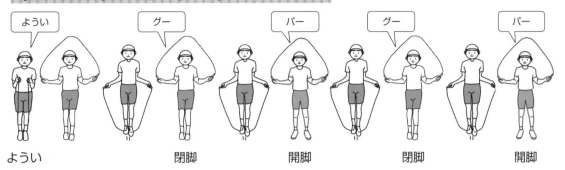

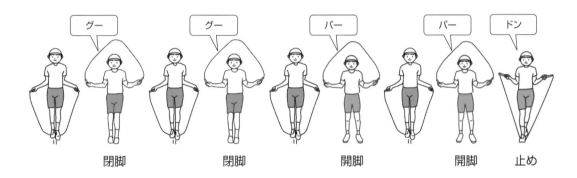

ポイント

最後のパー・パーの連続では、足になわが当たらないように空中で足を閉じる。

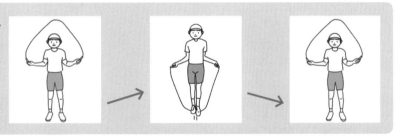

グー - チョキ - グー - チョキ - グー - チョキ - パー

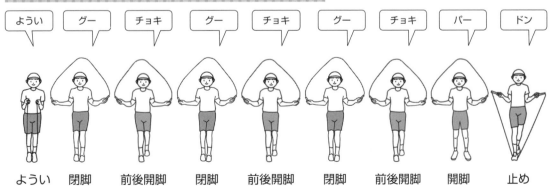

1人編

同側回旋　前回し　1回旋1跳躍　片足とび
かけ足とび

1回旋1跳躍のその場でのかけ足とびです。なわ回しとかけ足のリズムを同調するようにします。

● 基本技

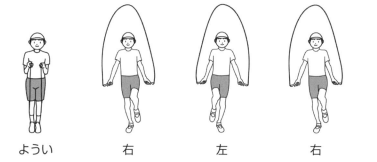

● 発展技

交互2回とび

片足で2回ずつ交互に1回旋1跳躍を行います。

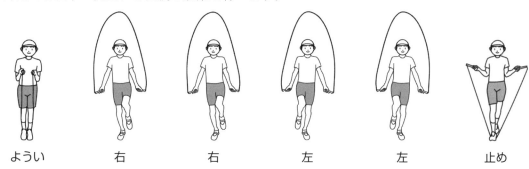

か・け・あ・し・ケンケン・ケンケン

かけあしとびと交互2回とびを連続で行います。口伴奏しながらリズミカルに。

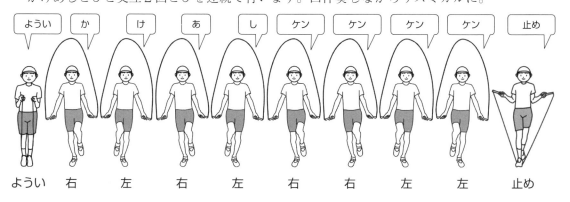

ケン・パーとび

　ケン・パーはいずれも着地時の足の形になるので，なわが床に着いたときのカウントとはずれが生じます。「ジャンプ・ケン・ジャンプ・パー」と口伴奏する。片足跳びは左右交互にすると難易度が上がります。

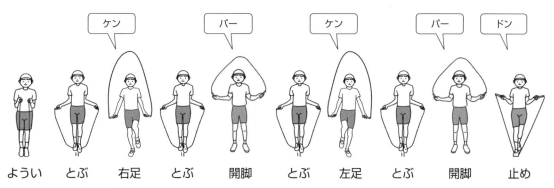

前ふり出しとび

　片足で2回ずつ交互に1回旋1跳躍を行います。跳躍を行っていない方の足はひざを曲げ伸ばしする。曲げる－伸ばすをリズミカルに左右で繰り返します。

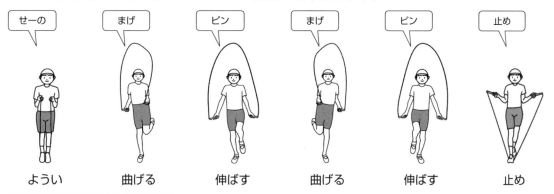

ひざ・ペケ・ひざ・グー

　1回目はももを高く上げた片足とびをし，2回目で上げた足を前から交差して着地します。3回目で再びももを高く上げ，4回目で両足をそろえて着地します。左右交互に行います。

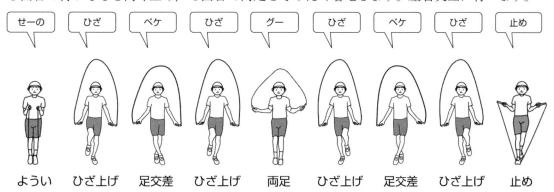

1人編

同側回旋　後ろ回し　1回旋1跳躍　両足とび
後ろ回しとび（後ろとび）

とぶことにも回すことにも難しさがある技です。とぶことについては，なわを見てとべる前回しとびとは異なり，とぶときになわが見えないため，とぶタイミングを体で覚える必要があります。

● 基本技

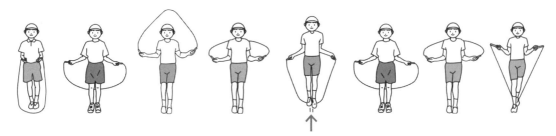

👉 ポイント

後ろ回しも前回しと同様に，「止め」を行うことで，なわを回す感じや足の下をなわが通過するタイミングをつかむことができる。前回しの止めと同様に，踏んでいては「止め」はできない。つま先を地面に着けて，かかとを上げ，地面とかかとの間になわが入るようにすることがポイント。

指導のステップ

1 後ろ回し止め（右足・左足）

よい　　　　　後ろ回し　→　　　　　　　　　　　片足後ろ止め　横から見た「止め」

2 両足止め

よい　　　　　後ろ回し　→　　　　　　　　　　　両足後ろ止め　横から見た「止め」

3 後ろ回し連続両足止め

よい　回して　止め　回して　止め　回して　止め

よい　　　　　　　　両足後ろ止め　　　　両足後ろ止め　　　　両足後ろ止め

学び合い

前回しから後ろ回しになると，急にできなくなる子どもが出てきます。頭でイメージしていることと，実際に身体を動かしていることとのずれが出てくるからです。

2人組になって「回して，止める！」など互いに声をかけ合いながら，チャレンジするようにしましょう！

第2章　「なわとび」の技　全部紹介

● 連続技

マッドドッグ（前－左サイドスイング180°－後180°－前）

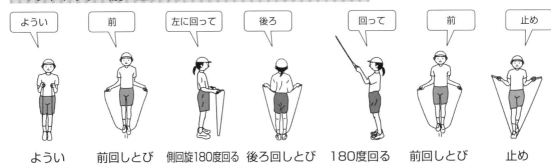

指導のステップ

1 左側回旋180度－後ろ回し止め

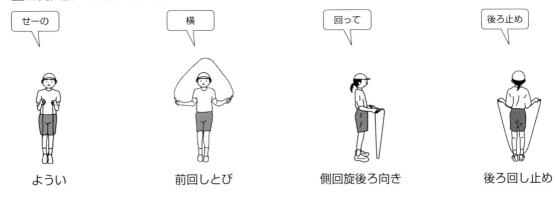

2 後ろ回しとび－180度回る－前回しとび－止め

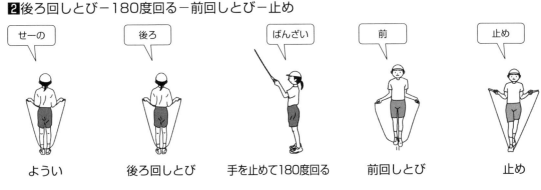

教師のお手本では素早く動いて子どもたちに憧れをもたせましょう！
180度回るタイミングを覚えると簡単です！

1人編

あやとび（オープンクロス）

同側回旋と前面反対側回旋交互　前回し　1回旋1跳躍　両足とび

前回しとびと交差とびの連続技です。

● 基本技

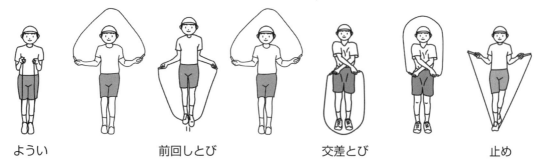

　　よい　　　　　前回しとび　　　　　交差とび　　　　　止め

指導のステップ

1 なわを持たずに，腕を動かす

1-1　ばんざい・肩

肩回しで行うため，
ばんざいをして腕を上げます。

1-2　ばんざい・腰

腕はへその前で交差し，
腰骨を触るようにします。

2 腕を肩回しで回し交差

👆 ポイント

肩から大きくゆっくり回して腰骨を触る。

3 交差止め

よういう

ぐるりん

止め

👆ポイント
なわが足の下を通過するように回す。

4 前回しとびに続けて，肩回しの交差止め

せーの

前

ぐるりん

交差止め

5 前回しとびの後，続けて交差止め

せーの

前

交差止め

学び合い

後ろから見て反対側にグリップが出ているか確かめ合います。

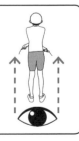

連続技

前-あや-前（前-前-交-前）

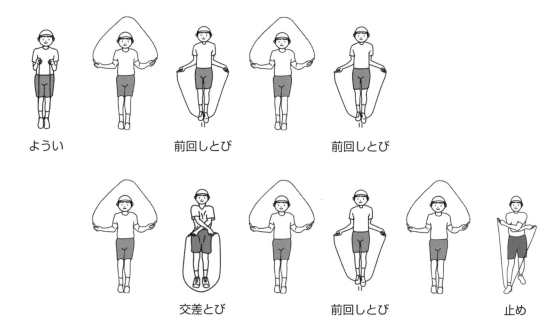

あや-前-あや（交-前-前-交）

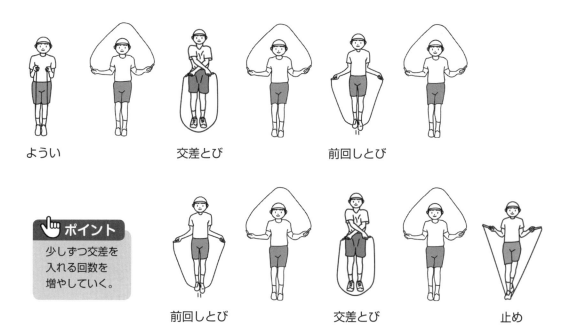

> **ポイント**
> 少しずつ交差を入れる回数を増やしていく。

1人編

交差とび（クロス）

前面反対側回旋　前回し　1回旋1跳躍　両足とび

交差系の技の難しさは，腕を交差してのなわ回しにあります。反対側で回すためには上腕を締める感じが必要で，緩むとひじが曲がり，なわの最下点が上昇してとべなくなってしまいます。連続とびの場合は顕著です。交差した腕が反対側で回旋できるようへその前でひじが交差するくらい深く交差し，手首を回すようにします。

● 基本技

よい　　前回し　　交差とび　　交差前回し　　交差止め

ポイント
手首の位置を腰の辺りに保ちながら回す。

(指導のステップ)

■ あやとび－交差止め（前・交・交差止め）

よい　　前回し　　ジャンプ　　交差　　ジャンプ　　交差前回し　　交差止め

● 連続技

連続交差とび－交差止め

よい　　前回し交差　　ジャンプ　　交差　　ジャンプ　　交差　　交差止め

● 発展技

クロスクロス　1回目と2回目で交差する腕を入れ替える

よい　　　　　右上交差とび　　　　　左上交差とび　　　　止め

1人編

前面反対側回旋　後ろ回し　1回旋1跳躍　両足とび
後ろ交差とび

> 交差系の技の難しさは，腕を交差してのなわ回しにありますが，後回しとびの難しさが加わります。手首の動かし方は前回しとびと同じで，ひじを伸ばし手首を背屈させて回します。

● 基本技

　　よういーーーーーーーー交差ーーーーーーーージャンプーーーーーー後ろ交差止め

（指導のステップ）

■1 なわを持たずに，腕を交差して回す動きを確かめる

■2 なわを足の下に通過させるために後ろ交差止めをする

● 連続技

連続後ろ交差とび - 後ろ交差止め

よういー後ろ回し交差ージャンプー交差ージャンプー後ろ回し交差ー後ろ交差止め

第2章　「なわとび」の技　全部紹介

1人編

同側・前面反対側同時回旋　前回し　1回旋無跳躍
サイドスイング（側回旋）

オープン（両方同側で回す）やクロス（両方反対側で回す）とは違い，腕が左右非対称になります。はじめは，片手でなわを持ち，同側や反対側で自由に回して動きの感じをつかむようにします。左右軸と垂直に回すことが理想ですが，斜めに回していても，自分の体に当たらなければできているとしてよいです。

● 基本技

よい動きのために
　斜めに回してしまうのは，同側で回している腕のひじが体側で固定され，体の前でなわを回してしまうことが原因です。ひじを後方に引きながらなわを回すことがポイントです。体育館の床の板目を目安にするなどして左右軸と垂直になわを回す感じをつかみましょう。

● 活動アイデア

いろんな楽しみ方にチャレンジ！

連続サイドスイング　「右右右右・左左左左・右右左左・右左右左・止め」

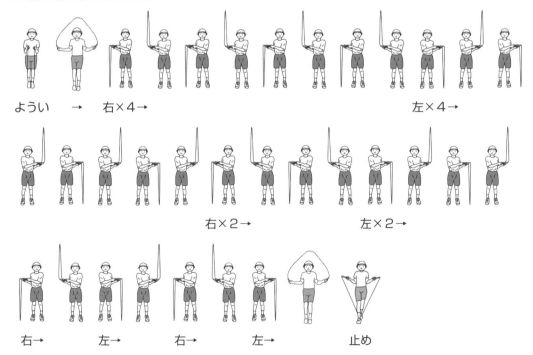

よい　→　右×4→　　　　　　　　　　　　　　左×4→

右×2→　　　　　　左×2→

右→　　左→　　右→　　左→　　止め

38

● 連続技

サイドスイング-前回しとび

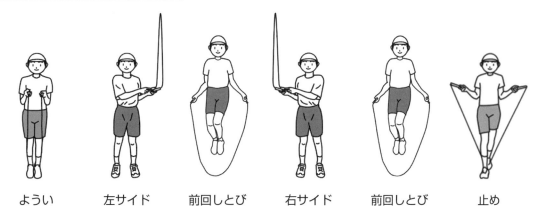

よういー左サイドー前回しとびー右サイドー前回しとびー止め

サイドスイング-交差とび-サイドスイング-交差とび

よういー左サイドー交差とびー右サイドー交差とびー止め

● 発展技

テキサス

とばない技。上下軸を中心に体を回転させながらサイドスイング。なわを両肩に担ぐようにして頭越しに後方へ動かします。正面を向いたら，なわを後ろから頭越しに前へ動かして止めます。

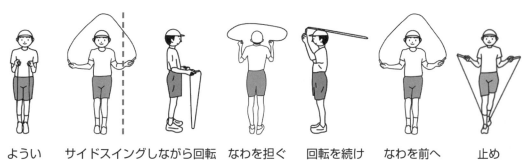

よういーサイドスイングしながら回転ーなわを担ぐー回転を続けーなわを前へー止め

1人編

前面反対側・背面反対側同時回旋　前回し　1回旋1跳躍　両足とび
前後交差とび（混合交差・EB）

両方反対側で回すが、片方の手は前面から反対側、もう一方の手は背面から反対側でそれぞれ回します。

● 基本技

　　よい　　　　　　サイドスイング　　　　　前後交差とび　　　　　前後交差止め

指導のステップ

❶前後交差止め

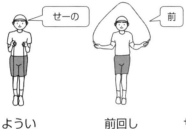   

　よい　　　前回し　　サイドスイング　　前後交差　　　止め

つまずき

　左右軸の回旋ですが、回旋の軸がずれるとなわが斜めに回ります（右図）。斜めに回ると、最下点が体側方向にずれてとべなくなってしまいます。左右軸の回旋になるように、前面にある手首で調節し、足の下になわが通るようにします。

● 連続技

前後交差の連続

　よい　サイドスイング　前後交差とび　サイドスイング　前後交差とび　前後交差止め

1人編

背面反対側回旋　前回し　1回旋1跳躍　両足とび
背面交差とび（TS）

背面で腕を交差する技です。前回しとびから背面で交差する方法とサイドスイングから背面で交差する方法があります。グリップは長く持ちます。人差し指を伸ばしてグリップを握るのも1つの方法です。背面交差では、背中を反らせてへそを前に出すような姿勢で回すとよいでしょう。

● 基本技

前跳びから背面交差とび

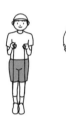      

よùい　　前回し　　前回しとび　　背面で交差　　背面交差とび　　背面交差回し　　背面交差止め

指導のステップ

1 前回しとび - 背面交差止め

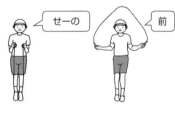   

よùい　　前回し　　前回しとび　　背面で交差　　背面交差止め

サイドスイングから背面交差とび

よùい　　サイドスイング　　前後交差　　背面サイドスイング　　背面で交差　　背面交差とび　　背面交差止め

第2章 「なわとび」の技　全部紹介　41

1人編

同側・前面反対側回旋と同側・背面反対側回旋交互　前回し　2回旋無跳躍
かえし（フェイクEB）

> とばない技であるため，組み合わせの連続技に入れることで運動の強度を調節することができます。

● 基本技

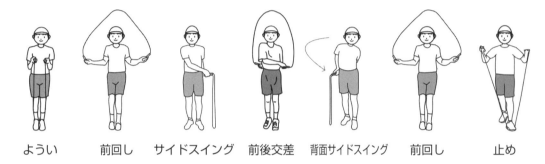

よういー前回しーサイドスイングー前後交差ー背面サイドスイングー前回しー止め

技の構造

サイドスイングと背面サイドスイングをつなぐ動きである。

①サイドスイングでなわが地面に当たったらすぐ後ろを回っているうちに，同側の腕を背面から反対側へ動かして前後交差回し。

②なわが後ろから頭を越したらすぐ前を回っているうちに，前の腕のひじを曲げて反対側から同側に戻して背面サイドスイング。

③なわが地面に当たったらすぐ，背面の腕を同側に戻す。

④両腕を開いて前回し。

　左右軸と垂直に回るようにする。

※背面サイドスイング（背面反対側回しと同側回しを同時にする）

反対側で回す腕を背面から通してなわを回します。かえし（サイドスイングと背面サイドスイングをつなぐ）やサイドスイングと背面交差とびをつなぐ際に必要な動きです。前面の同側回旋する手首の動きでリードしながら背面から通した反対側回旋する手首の動きも加えてなわを回します。

> 指導のステップ

1 4分割でかえしをする

技を4分割して，腕を動かします。

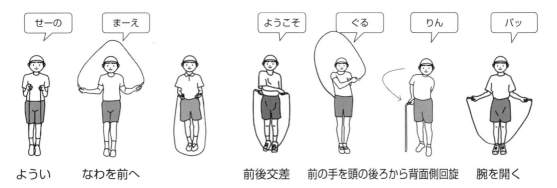

2 3分割でかえしをする

技を3分割して，腕を動かします。

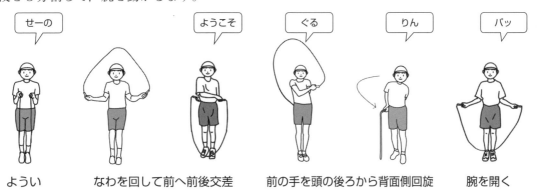

3 2分割でかえしをする

技を2分割して，腕を動かします。

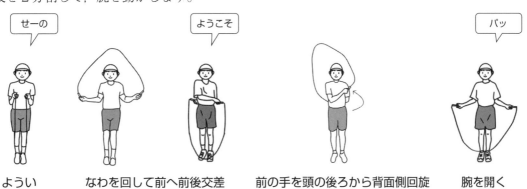

1人編

同側回旋　前回し　1跳躍2回旋　両足とび

二重とび
（二重回し，ダブルアンダー）

1跳躍の間に足の下を2回通す技です。しかし，速く回すだけでは連続とびにつながりません。ブレーキングによって跳躍のための時間を確保しなければいけません。リズムを変えるなわ回しの技能を身につける必要があります。

● 基本技

　よういジャンプ　　1回目通過　　　　2回目通過　　　　止め

技の構造

　二重とびのなわの軌跡は，右図のように跳躍中になわが足の下を通過する部分が二重になっている。つまり，跳躍中に2回なわを回すのではなく，足の下を2回通過するようにすればよくほぼ1回回すだけなのである。

　1回目のなわが通過する寸前に跳躍し，着地するまでにもう一度なわが通過するように回す，跳躍となわ回しのコンビネーションが大切になる。

二重になる部分

指導のステップ

1 アームラップで手首回し

　アームラップの後半に手首で回すことを意識します。親指を回すようにして素早く巻くようにします。解くときも手首で回すことを意識しながら素早く解くようにすると，反対回しの練習になります。左右両方の腕で行います。後半，なわの速度が上がるとなわが空気を切る音が聞こえてきます。

なわの音が聞こえるように速く巻いてみよう。

2 サークルジャンプで手をたたく

　その場でジャンプし，手をたたきます。全部で4回続けて行う。はじめの3回は1度ずつ手をたたき，4回目のジャンプで2連打します。

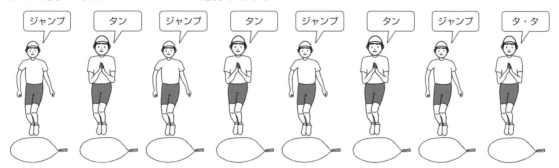

3 サークルジャンプでももをたたく

　その場でジャンプし，ももをたたきます。全部で4回続けて行う。はじめの3回は1度ずつももをたたき，4回目のジャンプで2連打します。手の甲でたたくようにするとなわを回すときの腕の動きと似たような感じになります。軽くひざを曲げてジャンプするようにします。

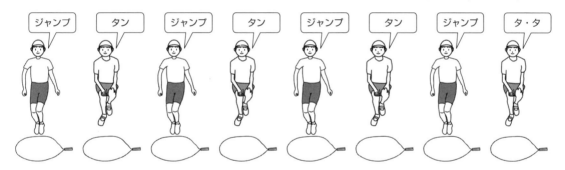

4 前－前－前－二重止め

　二重止めは二重とびと同じリズムでなわを回すことができます。止めることで2回目のなわが足の下を通過するタイミングを体で知ることができます。

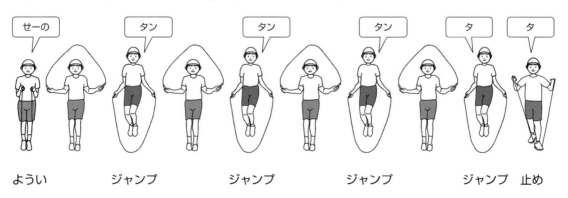

5前-前-前-二重とび

　二重とびをする前に,前回しとびを3回。これは,初めて二重とびができるようになった子のほとんどがする予備的な運動です。この予備的な前回しとびの数を2回,1回と減らしていくといいでしょう。

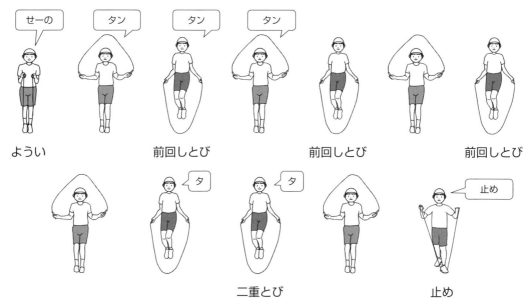

● 発展技

連続二重とび

　連続二重とびは,子どもたちのあこがれです。連続二重とびに必要なブレーキングの技能を身につけられるように,前回しとびと二重とびを組み合わせてとぶようにします。前回しとびから二重とびへのリズム変化,二重とびから前回しとびへのリズム変化を経験するようにします。

指導のステップ

1前-前-前-二重-前-前-前-二重

　ブレーキングの技能を身につけるために,二重とびと前回しとびを連続させます。前回しとび3回連続を基本として,2回,1回と前回しとびの数を減らしてステップアップを図ります。

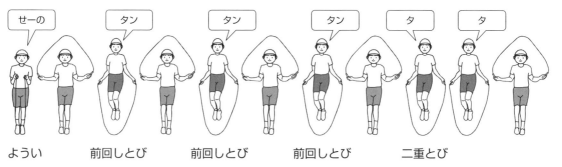

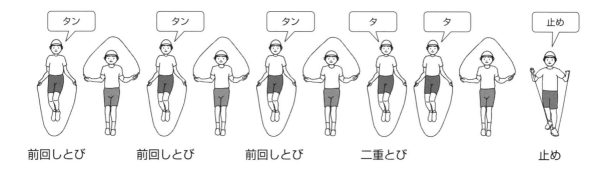

2 前－前－二重－二重－前－前－二重－二重

前回しとび2回と二重とび2回を連続させます。前回しとびを2回から1回と数を減らしてステップアップを図ります。

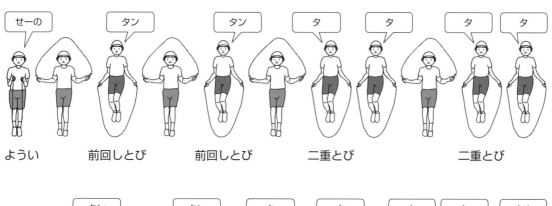

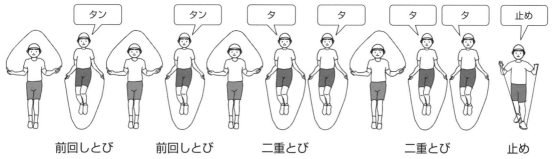

> **学び合い**
>
> 口伴奏と手拍子。グループで互いにリズムを伝え合えるようにしましょう。
> とんでいないときでも，リズムを伝えることが，自らの身体にリズムを刻んでいくことにつながります

3 前-二重-二重-二重-前-二重-二重-二重

前回しとび1回と二重とび3回を連続させます。できるようになったら，連続で行います。

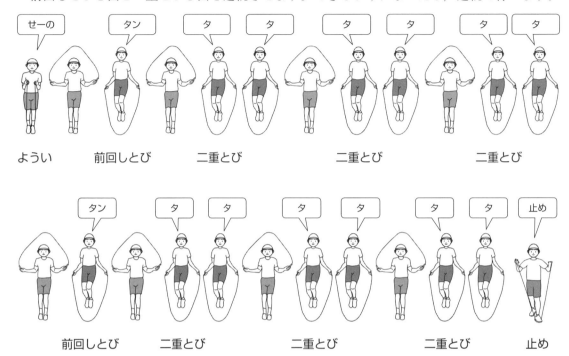

シンクロ連続二重とび

　連続二重とびは，個々人が自分のとびやすい速さでとびます。つまり，自分の速さでとんでいます。ペアやグループで自分とは違う速さを共有することで，速さのバリエーションが広がります。ステップ1～3で紹介した技を利用して，前回しとびを組み合わせながら速さの共有を図ります。

　二重とびのなわ回しには2種類あります。高くとぶ「高い二重とび」と低くとぶ「低い二重とび」です。「高い二重とび」は遅く回すため「遅い二重とび」，「低い二重とび」は速く回すため「速い二重とび」になります。

　ハヤブサ・三重とび等の技は，二重とびと比べると回旋に時間がかかるためより高い跳躍が必要になります。ハヤブサは跳躍中に同側回旋から反対側回旋に腕を移動するための時間が必要になり，三重とびも回旋の数が多いため時間が必要なります。高くとぶことで回旋操作の時間を生み出すことができます。「ゆっくり二重」（高く遅い二重とび）をスモールステップとして行わせることも有効です。

1人編

同側回旋と前面反対側回旋　前回し　2回旋1跳躍　両足とび

あや二重とび
（ハヤブサ，オープンクロス）

1跳躍の間にあやとびを行う技です。跳躍中に腕を反対側に移動させる時間が必要ですが，二重とびよりも高く跳躍することによって時間を生み出すことができます。もちろん，素早い腕の動きにより克服することもできます。その場で高く跳躍してできることもありますが，その場合連続とびは難しくなります。

● 基本技

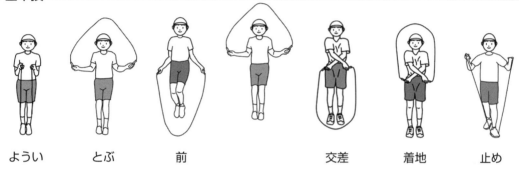

よういとぶ　前　　　　交差　着地　止め

指導のステップ

1 連続あやとび

あやとびの手の動きの軌跡は無限の記号（∞）を書いたようになります。速くとぶことで，手首回しになり，ひじを大きく曲げて回さなくなることで手が直線的な動きになっていき，あや二重とびの腕の動きに近づいていきます。

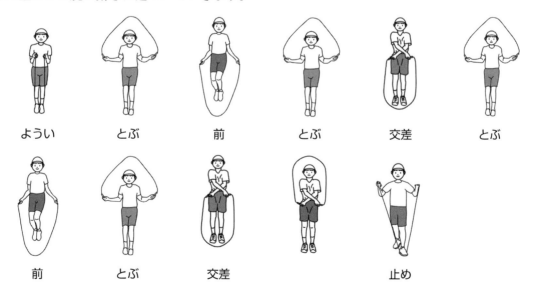

よういとぶ　前　とぶ　交差　とぶ

前　とぶ　交差　　　止め

第2章　「なわとび」の技　全部紹介

2 前－前－前－あや二重止め

あや二重止めは，前回しとびの後，素早く腕を動かして交差とびの腕で止めます。直線的な手の動きになるようにします。

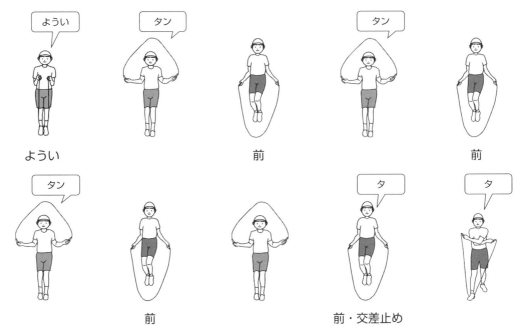

3 前－前－前－あや二重とび

あや二重とびのジャンプは，高くとぶことを意識し，素早く腕を動かして足の下を通過させます。直線的な手の動きになるようにします。

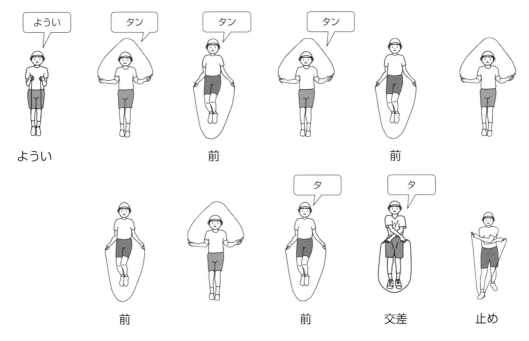

発展技

クロスオープン　あや二重とびを交差・前の順に行います。

連続技

前 - 二重 - あや二重

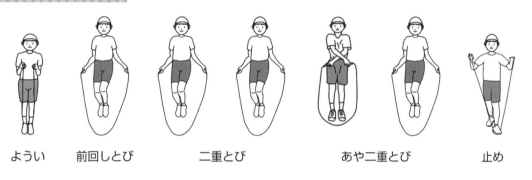

あや二重（オープンクロス）- クロスオープン

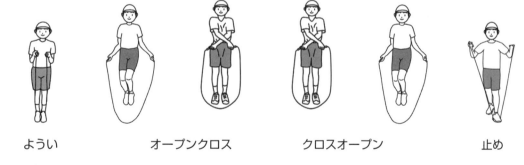

1人編

前面反対側回旋　前回し　2回旋1跳躍　両足とび
交差二重とび

1跳躍の間に2回足の下を通すために，なわを手首中心に回す交差とびが必要になります。へその前で前腕を交差させ，上腕を締めて手首の位置を固定して回します。

● 基本技

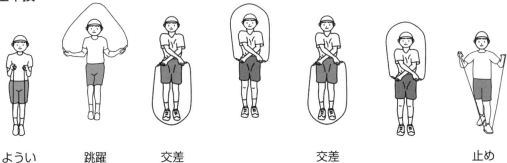

ようい　　跳躍　　交差　　　　交差　　　　止め

指導のステップ

1 予備跳躍3回＋交差二重止め

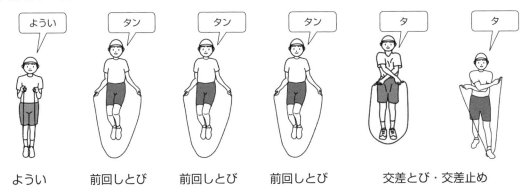

ようい　前回しとび　前回しとび　前回しとび　交差とび・交差止め

2 予備跳躍3回＋交差二重とび

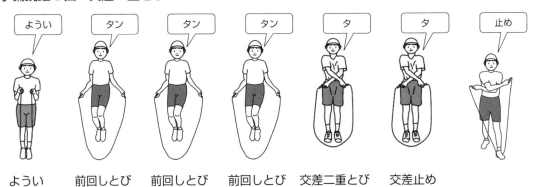

ようい　前回しとび　前回しとび　前回しとび　交差二重とび　交差止め

1人編

同側・前面反対側と前面反対側回旋　前回し　2回旋1跳躍　両足とび
サイドクロス（側しんとび）

サイドスイングしたなわが地面に当たる寸前にジャンプし，右（左）横回しの後右（左）手をかぶせるようにして交差回しをして，足の下を通過させます。

● 基本技

よういー　　前回し　　サイドスイング　　同側回旋の腕をかぶせるように交差とび　　交差　　　　止め

指導のステップ

1 サイドスイングー交差止め（左右両方で行う）

右（左）横回しの後，右（左）手をかぶせるようにして交差止めをします。

はじめ　　　　　　　右サイドスイング　　　　　　交差止め

● 連続技

二重 - あや二重 - サイドクロス左右交差二重

はじめ　　　　　　二重とび　　　　　　　あや二重とび

右サイドクロス　　　　　　左サイドクロス　　　　　　止め

1人編

同側回旋　後ろ回し　1跳躍2回旋　両足とび
後ろ二重とび

1跳躍の間に，後ろ回しで足の下を2回通す技です。しかし，速く回すだけでは連続とびにつながりません。ブレーキングによって跳躍のための時間を確保しなくてはいけません。リズムを変えるなわ回しの技能を身につける必要があります。

◎ 基本技

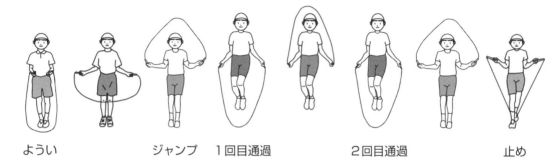

よういーー　　　　ジャンプ　1回目通過　　　　2回目通過　　　　止め

（指導のステップ）

1 アームラップで手首回し

　二重とびのステップ1とは違い，後ろ回しのアームラップをします。アームラップの後半に手首で回すことを意識します。親指を回すようにして素早く巻くようにします。解くときも手首で回すことを意識しながら素早く解くようにすると反対回しの練習にもなります。左右両方の腕で行います。後半，なわの速度が上がるとなわが空気を切る音が聞こえるようにすることは同じです。

肩回し　　　　ひじ回し　　　　手首回し

なわの音が聞こえるように速く巻いてみよう。

2 サークルジャンプでおしりをたたく

　その場でジャンプし，おしりをたたきます。全部で4回続けて跳躍します。はじめの3回は1度ずつたたき，4回目の跳躍で2連打します。おしりをたたくときの動きで，後ろ回しの動きと似た感じを経験できます。

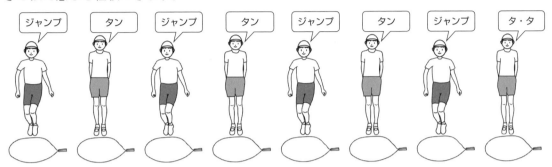

3 後－後－後－二重止め

　二重止めは二重とびと同じリズムでなわを回すことができます。止めることで2回目のなわが足の下を通過するタイミングを体で知ることができます。

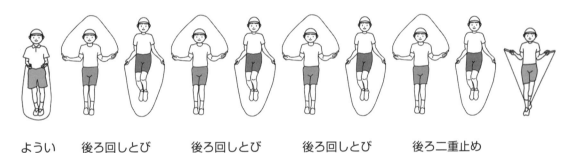

4 後－後－後－二重とび

　二重とびと同様に，後ろ二重とびをする前に，後ろ回しとびを3回行います。この予備的な後ろ回しとびの数を2回，1回と減らしていきます。

2人編

2イン1（2人1本なわ）向かい合い2人1本とび

2人（回し手ととび手）向かい合い　1本なわ　同時とび

1人が回してもう1人がとぶ。役割を回し手ととび手に分けます。

● 基本技

向かい合って

　向かい合うと相手の動きを見てタイミングをとることができます。アイコンタクトで行えますが，技の発展を考えて，声を出しながら行いましょう。

　なわは，1人で跳ぶときよりも長くなるよう調節します。

　なわ回しは，相手に近づいて肩を中心に大きく回し，相手の足の下を通します。相手意識をもちましょう。

指導のステップ

■1 手をつないで声を出しながら，1回旋2跳躍のリズムでシンクロ連続ジャンプ

■2 手を離して声を合わせて，1回旋2跳躍のリズムのシンクロ連続ジャンプ

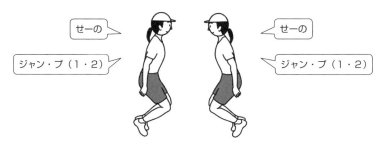

発展技

2イン1前並びとび

同じ方向を向き,とび手が前に並びます。

ポイント
回し手がとび手に近い位置で,肩回しで回す。

2イン1後ろ並びとび

同じ方向を向き,とび手が後ろに並びます。

ポイント
回し手は肩回しで大きく回す。とび手は回し手にできるだけ近づく。

2人編

2人横並び　1本なわ　同時とび
2イン1（2人1本なわ）
横並び2人1本同時とび

右側に立つ人は右手で，左側に立つ人は左手でグリップを持って回してとびます。

● 基本技

よういい

前回しとび

止め

　横並びは，首を動かして相手の動きを見てタイミングをとることができますが，次のステップを考えて，声を出しながら行います。なわは，1人でとぶときよりも少し長めに調節します。

（指導のステップ）

1 ようい　　　　　　　　　　　　　　　**2 止め**

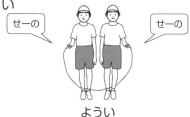
せーの　　　　せーの
ようい

止め　　　　止め
止め

● 活動アイデア

いろんな楽しみ方にチャレンジ！

　2人それぞれが違うとび方でとびます。

とび方の例

| 前回しとび・後ろ回しとび | 前回しとび・かけあしとび |

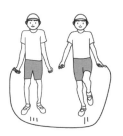

2人編

2人横並び　1本なわ　交互とび
2イン1（2人1本なわ）
横並び2人1本交互とび

右側に立つ人は右手で，左側に立つ人は左手でグリップを持って回してとびます。

● 基本技

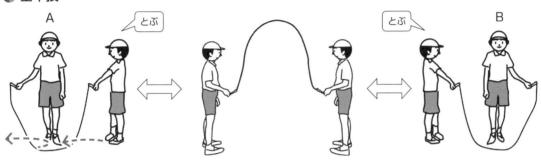

Aがとぶ　　　　　入れ替わる　　　　　Bがとぶ

指導のステップ

① 連続前回しとび

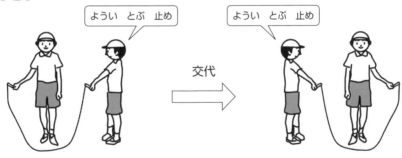

ステップ		2人1本なわ（2イン1）
1-1	連続とび1	ようい・とぶ・止め
1-2	連続とび2	ようい・とぶ・とぶ・止め
1-3	連続とび3	ようい・とぶ・とぶ・とぶ・止め
1-4	連続とび4	ようい・とぶ・とぶ・とぶ・とぶ・止め

2 2イン1でとんだ後,なわを止めずに抜ける

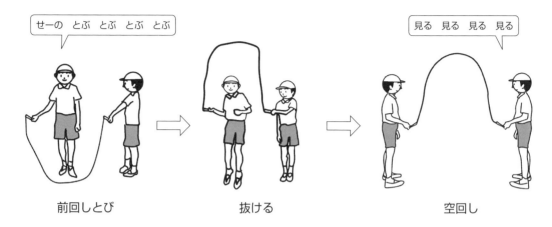

3 2イン1で交互に連続とび

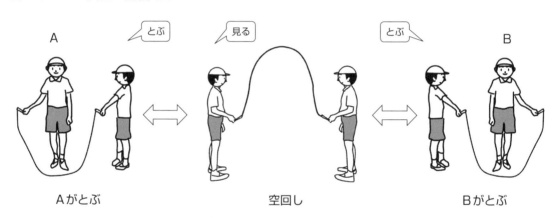

ステップ		2人1本なわ（2イン1）　空：空回し　A：Aがとぶ　B：Bがとぶ
3－1	交互とび4	ようい｜空・空・空・空｜A・A・A・A｜空・空・空・空｜B・B・B・B｜止め
3－2	交互とび3	ようい｜空・空・空｜A・A・A｜空・空・空｜B・B・B｜止め
3－3	交互とび2	ようい｜空・空・A・A｜空・空・B・B｜止め
3－4	交互とび1	ようい｜空・A・空・B｜空・A・空・B｜止め
3－5	交互とびZ	ようい｜A・B・A・B｜止め
3－6	ワルツ	ようい｜空・空・A｜空・空・B｜空・A・A｜空・B・B｜A・A・A｜B・B・B｜止め
3－7	マーチ	ようい｜A・A｜A・A｜B・B｜B・B｜A・A｜B・B｜A・B｜A・B｜止め
3－8	高速マーチ	マーチを速いテンポで行う

● 発展技
正面向き

2人とも正面を向いたまま交互とびをします。

なわはひじを中心に回します。とばない人は，交差とびのなわ回しをします。

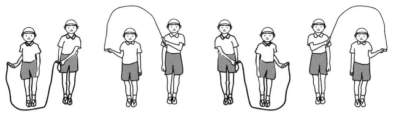

　　　　Aとぶ・B反対側回し　　　　　A反対側回し・Bとぶ

● 活動アイデア
いろんな楽しみ方にチャレンジ！

とび方を決めて，歌に合わせてとびます。

かえるのうた　　空：空回し　A：Aがとぶ　B：Bがとぶ

かえるのうたが	きこえてくるよ	クヮクヮクヮクヮ	ゲロゲロゲロゲロクヮクヮクヮー
Ａ　Ａ　空　空	Ｂ　Ｂ　空　空	Ａ　空　Ｂ　空	Ａ　Ｂ　空　止め

か　　え　　る　　の　　う　　た　　が　　ー

き　　こ　　え　　て　　く　　る　　よ　　ー

クヮ　　　　クヮ　　　　クヮ　　　　クヮ

ゲロ　ゲロ　ゲロ　ゲロ　クヮ　　クヮ　　クヮー

2人編

2人横並びとび　2本なわ　同時とび
2イン2（2人2本なわ）
横並び2人2本同時とび

2本のなわを持ち合います。内側の手で相手の持つなわのグリップを持って回し、タイミングを合わせてとびます。

● 基本技

ようい　　　　　　　　　　前回しとび　　　　　　　　　　止め

ポイント

タイミングを合わせるためには、かけ声を出したり、ずれを調整するために話し合ったりすることが必要になる。しかし、自分たちのつまずきはわかりにくく、ペアグループで相互に見合ってアドバイスするなど活動の工夫が必要になる。

（指導のステップ）

1 正面を向いて1本なわで、右側の人がとぶ

ようい　　　　　　　　　　前回しとび　　　　　　　　　　止め

2 正面を向いて1本なわで，左側の人がとぶ

3 正面を向いて1本なわで，右側の人がとぶ。左側の人も同じタイミングでとぶ

4 正面を向いて1本なわで，左側の人がとぶ。右側の人も同じタイミングでとぶ

発展技

あやとび

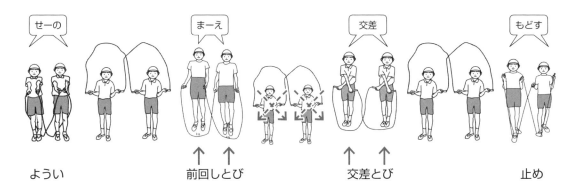

前後向きとび

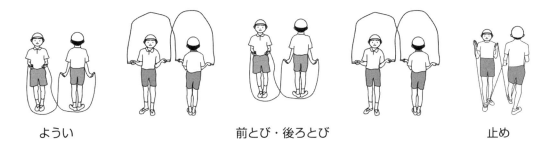

クロールとび（チャイニーズホイール）

　2本のなわを持ち合います。内側の手で相手の持つなわのグリップを持って左右交互に回してとびます。クロールのように交互に腕を動かすのでクロールとびと名づけています。

多人数編

3人とび　1本なわ　同時とび
3イン1（3人1本なわ）
横並び3人1本同時とび

3人が横に並んで同時にとびます。右側に立つ人は右手で，左側に立つ人は左手でグリップを持って回してとびます。

● 基本技

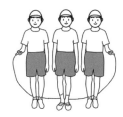 

声を出してタイミングを合わせながら行います。なわは，1人でとぶときよりも少し長めに調節します。

指導のステップ

1 ようい－止め

声を合わせて止めます。

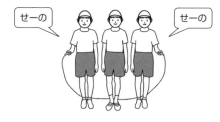 

　　　ようい　　　　　　　　　　止め

2 ようい－前回しとび－止め

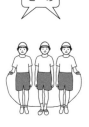   

　ようい　　　　　前回しとび　　　　　止め

- 活動アイデア

いろんな楽しみ方にチャレンジ！

交互とび

両側の人が交互に抜けます。

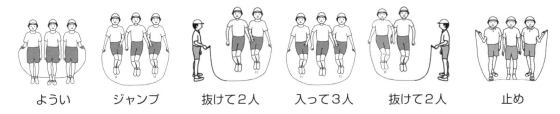

ひとり・ふたり・さんにん

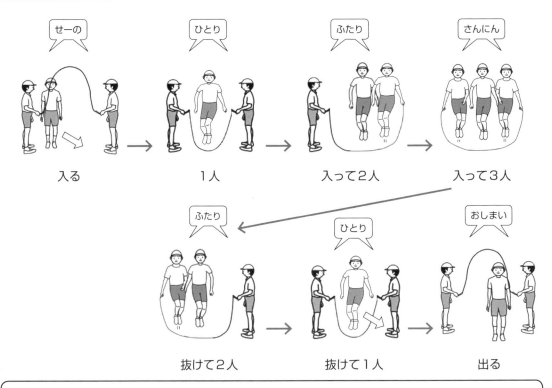

学び合い

　人数が増えていくと，口伴奏がとても大切になってきます。その口伴奏を考えることを活動にしても盛り上がります。
　また，グループごとにオリジナルの技を考え出す活動も楽しいですね。

多人数編

3人とび　3本なわ　同時とび
3イン3（3人3本なわ）
横並び3人3本同時とび

3本のなわを3人で持ち合い，タイミングを合わせてとびます。

● 基本技

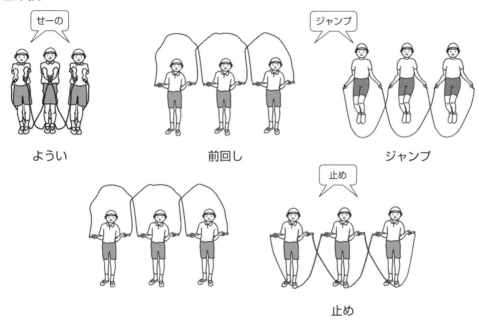

なわの持ち方

なわ①，なわ②，なわ③の3本のなわを持つ手を，それぞれ①，②，③とすると，下図のようになる。

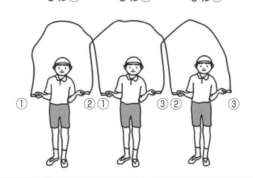

多人数編

多人数とび　1本なわ　同時とび
トラベラー

回し手が短なわをとびながら横に移動し，横1列に並んだとび手を順になわに入れてとぶ運動です。

● 基本技

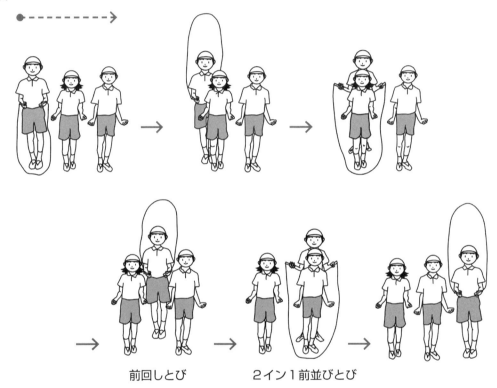

前回しとび　　　2イン1前並びとび

👉 ポイント
- 短なわは，1人でとぶときよりも長くする。
- 全員で空のジャンプをし，タイミングを合わせてから始めるようにする。
- 回し手ととび手はできるだけ近づくようにする。
- 回し手は，肩を中心に大きくなわを回す。
- はじめは，間に回し手の1人とびを入れるとよい。
- 1回旋2跳躍のリズムから1回旋1跳躍のリズムに発展させることができる。

　回し手ととび手の向きや位置によって難易度が変わります。ジャンプのタイミングを全員が共有することは共通していますが，回し手ととび手の適度な距離のとり方やジャンプのタイミングのとり方が変わるためです。

● 発展技

レベル1　向かい合ってトラベラー

　回し手，とび手相互に動きを見ることができるため，回し手ととび手との距離を適切にとることやジャンプのタイミングをとることが比較的容易です。

指導のステップ

1 2人で：1回旋2跳躍のリズム

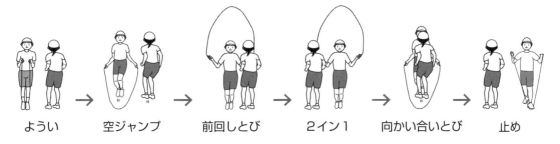

よういﾞ　→　空ジャンプ　→　前回しとび　→　2イン1　→　向かい合いとび　→　止め

2 3人以上で：1回旋2跳躍のリズム，間で1人とびあり

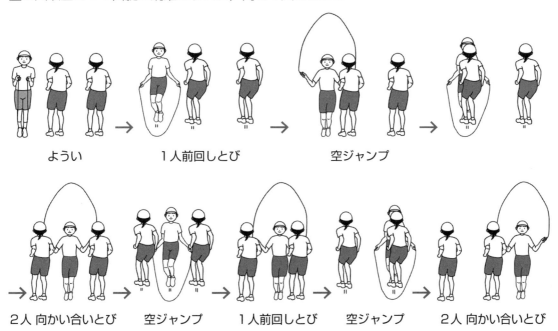

よういﾞ　→　1人前回しとび　→　空ジャンプ

→　2人 向かい合いとび　→　空ジャンプ　→　1人前回しとび　→　空ジャンプ　→　2人 向かい合いとび

　発展版として，どんどん人数を増やしていくことも可能です。
　また，オリジナルのトラベラーを考え，お互いに発表し合うのもいいですね。

3 3人以上で：1回旋2跳躍のリズム，間で1人とびなし

空ジャンプ → 2人向かい合いとび →

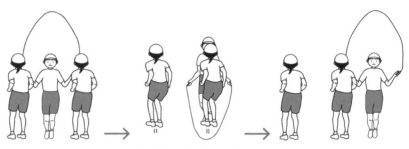

2人向かい合いとび →

| レベル2 | 同じ方向を向いてトラベラー | 回し手は後ろを移動 |

　とび手が前に並び，回し手が後ろを移動するため，とび手は回し手を見ることができません。回し手が，とび手との距離を適切にとり，タイミングをとることになります。回し手の役割が重要です。

（指導のステップ）

1 2人で：1回旋2跳躍のリズム

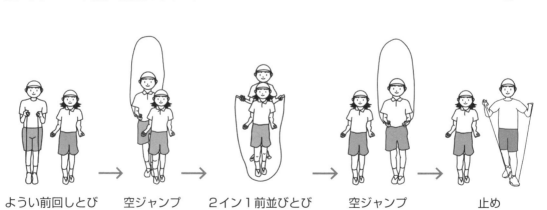

よういう前回しとび　空ジャンプ　2イン1前並びとび　空ジャンプ　止め

2 3人以上で：1回旋2跳躍のリズム，間で1人とびあり

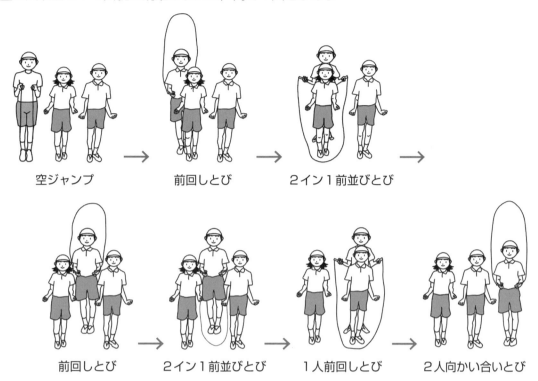

3 3人以上で：1回旋2跳躍のリズム，間で1人とびなし

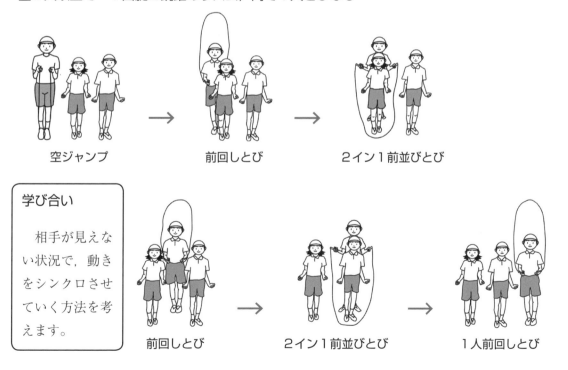

学び合い
相手が見えない状況で，動きをシンクロさせていく方法を考えます。

③授業展開モデル

　短なわを使った授業展開例を紹介します。「２イン１」や「シザーズパス」といった仲間とのかかわりが必然となる教材を用いることで、技の追求のみの授業ではなく、みんなでなわをとぶ楽しさを存分に味わえるようにします。

○単元計画　　　共創なわとび　〜短なわ編〜　４年

１時間目	２時間目	３時間目	４時間目	５時間目
【技能】・「２イン１交互とび」「トラベラー」ができる。				
【態度】・互いに教え合い，励まし合いながら，協力して運動することができる。				
【思考】・ペアやグループで，リズミカルにとび続けられるなわの回し方や体の動かし方のコツを見つけ，動きに取り入れることができる				
○本単元の流れがわかる。 ○道具の準備や片づけ方などがわかる。 ○これまでなわとびの学習をふりかえる。 ○「とばない技」，「２イン１」に挑戦する。	○みんなで動きを合わせて『とばない技』ができる。「プロペラ」「モンキー」「クロスフリーズ」「アームラップ」「クロスフリーズ」「カブースクロスストップ」 ・手首や腕など身体の動かし方を考える。 ・タイミングの合わせる。 ○「２イン１交互とび」のポイントがわかり，リズミカルにとぶことができる。 ・リズムを合わせる。　・声をかけ合う。 ○「トラベラー」に挑戦する。 ・トラベラー（とび手前・とび手後） ⇒技を成功させる視点 ・タイミング，声，互いの距離，視線，回し方　など ⇒技をつくる視点 隊列，とぶ方向，人数　など			○グループで動きを合わせて「とばない技」や「２イン１交互とび」ができる。 ○「トラベラー」のポイントを活かして，オリジナルトラベラーをつくる。 ⇒技をつくる視点 ・組み合わせ ・人数 ・ポーズ

○授業展開例（第3時）

学習活動および内容	指導上の留意点 （主な発問と児童の思考の流れ）
1．学習に向かう心と身体の準備をする。 ・「クロスフリーズ」 ・「アームラップ」	・動きがイメージできるように言葉に出しながらやってみる。 「胸でクロス・クルン・パッ！」 「グルグルグル……グルグル，ドン！」
2．本時の課題を知る。 仲間と協力して「2イン1交互とび」「トラベラーとび手後」を成功させよう。	
◎これまでの学習から成功するために必要なことをイメージする。	○これまでに見つけたコツ，学習の流れや本時のめあてがわかるように，ホワイトボードに掲示する。
3．グループで技に挑戦する。 ◎運動①：「2イン1交互とび」 ・空回しの回数を減らしながら交互とびに挑戦する。 ◎運動②：「トラベラー」 ・空回しの回数を減らしながら，スムーズにとび手が移動できるようにする。	ペアで回し方がずれないようにするにはどうしたらいいかな。 ・互いに声を出し合いながら，タイミングを合わせるようにする。 タイミングを合わせるにはどうしたらいいかな。 ・スタートのタイミングやとぶタイミングを合わせるかけ声や合図を決めるようにする。
4．コツを交流する。	・タイミング，声，互いの距離，視線，回し方などの視点でコツを交流する。

2 クラスづくりに最適！中なわ編

　中なわでは，短なわよりも多い人数で活動することができます。体育の時間はもちろん，休み時間，遠足や宿泊行事に行ったときのレクリエーションにも活用できます。

　8の字とびで回数を競い合うだけでなく，いろいろな楽しみ方があります。いずれもとび手と回し手の息を合わすことが大切になります。仲間づくり，クラスづくりに最適です！

　ここでは，3〜5m程度のなわのことを中なわとします。

①活動人数・編成別　技一覧

1人編

8 & 6

回るなわに対して，8つの通り抜け技（入ったところと違うところから出る）8種類と6つのリターン技（入ったところと同じところから出る）6種類です。これらを合わせて基本技8＆6と呼びます。

● 基本技

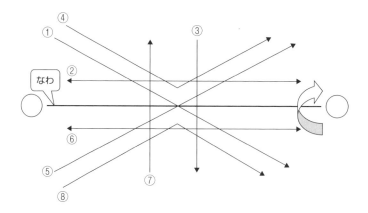

〈基本8パターン〉
① かぶりとび　ななめ抜け
② かぶりとび　平行抜け
③ かぶりとび　直角抜け
④ かぶりとび　クロス抜け
⑤ むかえとび　ななめ抜け
⑥ むかえとび　平行抜け
⑦ むかえとび　直角抜け
⑧ むかえとび　クロス抜け

〈リターン6パターン〉
A　かぶりとび　ななめリターン
B　かぶりとび　平行リターン
C　かぶりとび　直角リターン
D　むかえとび　ななめ抜けリターン
E　むかえとび　平行リターン
F　むかえとび　直角リターン

> 基本8パターン

基本的な入り方，抜け方です。4つの抜け方×2つなわの回し方で8パターンとなります。まずはこれをマスターすることをめざしましょう！

①ななめ抜け

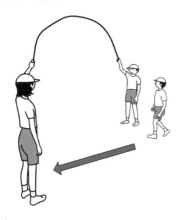

👆 ポイント

30〜45度の角度で，なわに向かっていく。基本となるとび方。
なるべくなわの中心でとぶようにする。
入るタイミングは，ここでしっかりマスターしよう。

②平行抜け

👆 ポイント

0度の角度でなわに向かっていく。回し手から回し手へと移動するイメージ。はじめは，回し手の肩に触れてからスタートして，抜けたら，逆の回し手の肩に触れて終わるようにする。

③直角抜け

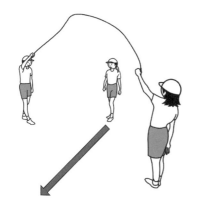

👆 ポイント

90度の角度で，なわに向かっていく。とんだ後に，早く出ないとひっかかりやすい。

④クロス抜け

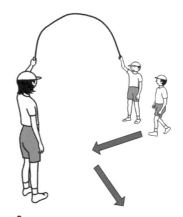

👆 ポイント

ななめ抜けと同じように侵入して，直角に方向を変え，同じ側に出ていく。腕でしっかり方向を変えることが大切。

リターン6パターン

身体を空中で180度ひねって，入ったところと同じところから出ます。空中での身体の使い方がポイントです！

①ななめリターン

かぶり

②平行リターン

③直角リターン

> 👆 **ポイント**
> 腕と腰をうまく使って，身体を回転させる。着地と同時に進行方向に足を踏み出すことが大切。

◇入り方

かぶりとび

頭の上からやってくるなわに対して入っていくこと。

むかえとび

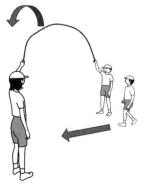

足元からやってくるなわに対して入っていくこと。

> 入り方のコツ
> かぶりとびとむかえとびでは，入るタイミングが異なります。むかえとびは，かぶりとびより，半テンポずらします。「いっせーのーで，え！」などかけ声を考えるといいですね。

多人数編
8＆6　応用編 I

基本技の 8 ＆ 6 を組み合わせたり，人数を増やしたりすることで新しい課題が生まれます。課題をクリアするには，仲間と動きや気持ちを合わせることが必要となります。

いっしょに！

手つなぎ　　　　　　　　　　　　肩組み

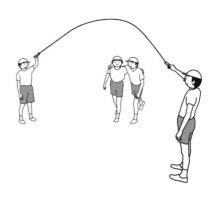

ポイント
手をつないだり，肩を組むことで，入るタイミングを合わせることが必要になる。

組み合わせて

2人　　　　　　　　　　　　　　3人

ポイント
8＆6を組み合わせて，技をつくる。オリジナルの名前をつけるのもよい。

第2章 「なわとび」の技　全部紹介

ボールキャッチ

中で

外から

> 👆 **ポイント**
> なわに入った後，ボールなどをパスし合う。2つの動きを同時にすることで難易度が上がる。

中でタッチ

手の平タッチ

肩タッチ

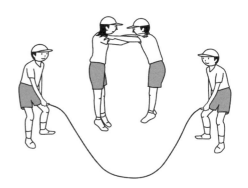

> 👆 **ポイント**
> ジャンプしてタッチ，着地してタッチ。タイミングを合わせることが楽しさとなる。

外からタッチ

片側から

両側から

ポイント
なわをかわして外からタッチすることで，よりタイミングが難しくなる。

回し方のコツ

中なわや長なわでは，回し手の役割がとても大きくなります。回し手のコツを発見していくことを学習の中心にすえることもできます。そのコツを紹介します！

- とんでいる人をよく見て。
- もう一方の回し手としっかり動きを合わせよう。
- 手首をよく使って回す。もう一方の手で，なわを持って回す方法もあるよ。
- ひざをやわらかく使って。

複数なわ編

8＆6　応用編 II

なわの数を増やすことで，新しい課題をつくり出します。なわの配置の仕方によって動きも変わってきます。同時に，回し手の重要性も増してきます。課題をクリアするには，とび手と回し手が動きや気持ちを合わせることが必要となります。

平行

2本で

3本で

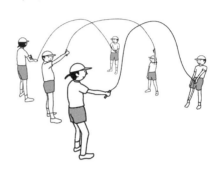

ポイント

本数を増やして，連続でとんでいく。同じリズムで，なわを回すことが大切。さらにとぶ人数を増やしてもよい。

直線

順並び

逆並び

ポイント

床になわがつく音を合わせる。慣れてくると連続でどんどんとんでいくこともよい。

三角

2本

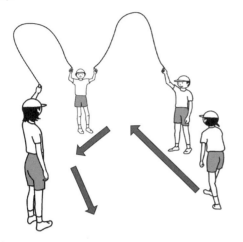

3本

> 👆 **ポイント**
> 連続でとぶためには，次のなわへと移動するための身体の使い方が大切になる。

四角

3本

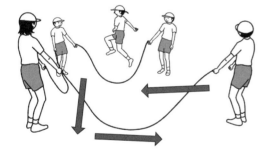

4本

> 👆 **ポイント**
> 次のなわへと移動するための身体の使い方が大切。複数で，続けてとぶこともできる。

発展版として，なわや人数を増やしていくこともおもしろいです。
オリジナルの技を考え，お互いに発表し合うのもいいですね。

クロス

なわを十字に配置します。回し手は，回すタイミングをしっかり合わせます。どこから入って，どこから出るのかによって，難易度が変わります。

〈回し方〉

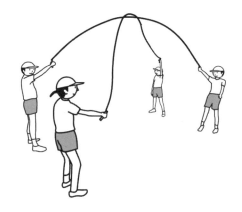

ポイント
4人で，2本のなわを回す。回すリズムを合わせて，2本のなわがくっつくように回す。

〈入り方〉

ポイント
4か所どこからでも入ることができる。また，出ることもできる。
前の人についていくゲームや，複数人で，連続でとぶのもおもしろい。

番号や名前を決めておいて，先生の指示やサイコロで動きを決めたり，先頭の人の動きに合わせてついていったりするのも盛り上がります。

例：
　「Aから入って，Bに出る！」
　「Cから入って，Cに出る！」など

Wダッチ

ビデオなどを見せると,「かっこいい!」子どもたちはまずそう感じます。そのあこがれをモチベーションにしていきましょう!

〈入り方〉　　　　〈とび方〉
　　　　　　　　　　片足とび　　　　　　両足跳び

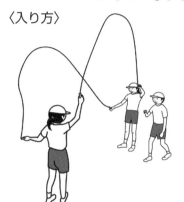

Wダッチ基本のとび方。まずこれをマスターしましょう。

両足で合わせるのは難易度が高くなります。

☞ **ポイント**

とび手：手前のなわが上がったときに入っていく。向こう側のなわに対して「むかえとび」のタイミングで入る。
回し手：2本のなわを手首をうまく使って,交互に内側に回す。床になわが当たる音のリズムが一定になるようにする。

☞ **ポイント**

なわのスピードに追いつけるように,なるべく低くとぶことが大切。

〈バリエーション〉

回転とび　　　　　　　　　　複数とび

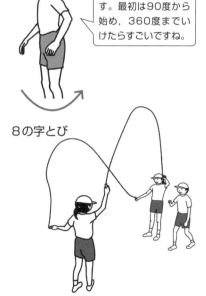

とびながら,回転します。最初は90度から始め,360度までいけたらすごいですね。

8の字とび

慣れてくると複数でなわに入ることも可能です。1本のときと同様,いろいろな方法を考えてみましょう。

2回とんだら出ていく。2人入ったら出ていく。など,いろいろ工夫しながら,連続でとんでいきます。

うまく回すのにコツがいります。専用の縄などを使用すれば,比較的容易に回すことができます。

8の字パスキャッチ

固定されるべき回し手が次々と交代していきます。ますます息を合わせることが大切になります。

①まずは、ななめ抜けをします。　　このときとび手は、向かいの回し手の手をしっかり見ておきます。

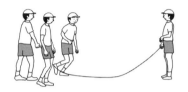 

②回し手からなわを受け取ります。　　着地と同時になわをもらいにいきます。止めるのではなく、いっしょに回しながら受け渡しを行う感覚です。

 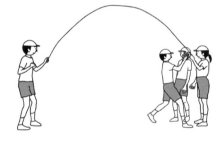

③そして、次の人がとび、なわを受け取ります。これを繰り返します。

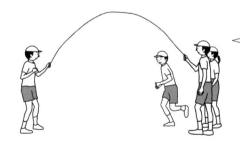

無事に渡したら、次はとび手となります。最初は、連続で行うのではなく、空回しを数回入れてから、スタートしましょう。

慣れてくると、間を空けずに連続で、なわを渡していくことも可能になります。

組み合わせ編

　いろいろななわを組み合わせることで，おもしろい技になります。その例をいくつか紹介します。子どもたちといっしょにいろいろ考えてみるのもいいですね。

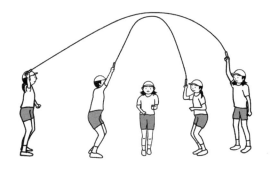

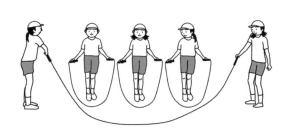

②授業展開モデル

　ここでは，中なわを使った授業展開例を紹介します。授業を通じて，行ったことが休み時間にも広がっていくことで，運動の日常化へとつながります。授業では，「できる」ことのみを追求するのではなく，コツの交流を通じて，みんなでなわをとぶ楽しさを存分に味わえるようにします。

○単元計画　　共創なわとび　～中なわ編～　5年

unit 0	unit 1		unit 2	
1時間目	2時間目	3時間目	4時間目	5時間目
【技能】・なわや仲間の動きに応じて，自分の動きを調整することができる。				
【態度】・互いに教え合い，励まし合いながら，協力して運動することができる。				
【思考】・仲間と共にとぶためのタイミングやリズム，距離などを考え，判断することができる。 　　　・技づくりの視点を見つけ，オリジナルの技を創作することができる。（unit 2）				
○本単元の流れがわかる。 ○道具の準備や片づけ方などがわかる。 ○8つの基本のとび方（8＆6）を知る。	○2人で，いろいろな向きでとぶことができる。 ・リズムを合わせる。 ・距離を考える。 ・声をかけ合う。 ○「8＆6」のポイントがわかり，連続でとぶことができる。 ⇒技を成功させる視点 ・タイミング，距離，声 ・ひねりや足のふりあげ ・なわのはやさ　　など ○「8＆6」のポイントを活かして，複数人で組み合わせてとぶことができる。 ⇒技をつくる視点 ・組み合わせ ・人数 ・ポーズ		○2人で，いろいろな向きでとぶことができる。 ・リズムを合わせる。 ・距離を考える。 ・声をかけ合う。 ○「8＆6」のポイントを活かして，オリジナルの技をつくることができる。 ⇒技をつくる視点 ・組み合わせ ・人数 ・なわの数，並べ方 ・とぶ方向 	

○授業展開例（第4時）

学習活動および内容	指導上の留意点 （主な発問と児童の思考の流れ）
1．学習に向かう心と身体の準備をする。 ・2人とび ・グループトラベラー	○既習事項である短なわとびを使った技を行い，合わせてとぶために声やリズムやタイミングの大切さを確認させる。
2．「8＆6」のいろいろなとび方に挑戦する。	○ターン技では，腕の使い方や目線に注意させて，身体の向きが意識できるようにする。
3．本時の課題を知る。	

「8＆6」を組み合わせて仲間と合わせてとぼう！

◎「8＆6」の跳び方から，どんな組み合わせが可能なのかイメージする。	○あえて模範演技は示さず，ボード上で説明することで，子どもたちが自由にイメージできるようにする。
4．グループで合わせ技に挑戦する。 ◎どんな組み合わせ方ができるのか頭で考え，実際に身体でやってみる。	○ホワイトボードを用いて，あらかじめどのような組み合わせに挑戦するのかチームで考えさせる。
5．他のグループと動きを見合う。	○ハイタッチをしたり，動作を同調したりしているチームを取り上げ，動きの幅を広げられるようにする。

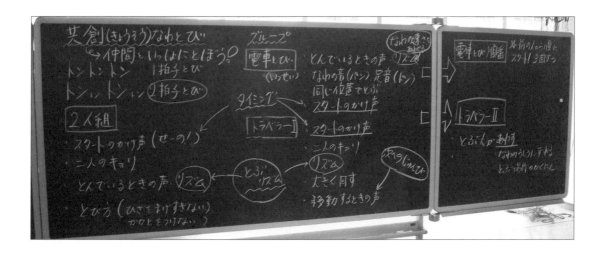

3 「絆」づくりに最適！長なわ編

　これまで紹介してきた短なわ，中なわに比べて長さの長いなわ。扱うとなると手軽に気軽に取り組めるとは言い難い部分もあります。しかし，長さがあるからこそたくさんの仲間がかかわり，うまくいくまでに時間を要する点を上手に生かすと……そこには計りしれない感動と喜びが生まれます。

　長なわを用いる場合，慣れるまではうまくいかないことが多く，運動量や試行回数といった点での少なさは否めません。そこで授業を行う際には次のような形を提案します。

時間	①	②	③	④	⑤
授業の流れ	中なわを用いたグループ学習（8の字・一斉ジャンプ）				
	記録会（8の字・一斉ジャンプ）				
	長なわを用いたグループ学習（集団8の字・10 Over Jump・IN RUN OUT）				

　授業前半では中なわを用い，そこでの学びを応用・活用していくという形で長なわを用います。

　では，実際に長なわを用いた教材を紹介していきます。基本となる教材は2つ。1つは8の字を描きながらターナーの間を抜ける「8の字とび・抜け」。もう1つは1本の回るロープを複数人数でとび続ける「一斉ジャンプ」です。

①種類別　技一覧

8の字とび

とび手が8の字を描くように移動することからその名がつきました。

● 基本技

指導のポイント

続けるためのコツを考えさせます。

ターナー

ひじを固定し手首を使って回すと回しやすいよ。

カウント（5まで）を繰り返すといいね。「1・2・3……」歌に合わせて一定にしよう。「あんたがたどこさ……」

出ていく際にとび手のスペースを空けるといいね。

うまく抜けるポイント！
①片足踏切・着地
②低くとぶ
を心がけると抜けやすいよ。

とぶ位置
なわの最下点で！
間隔
なるべく狭く！
「前の子の背中についていこう」などと指示するとよい。

第2章　「なわとび」の技　全部紹介　89

● 応用技（集団8の字）

・なわの長さは4m〜6m
・1分間で何人がとび抜けられるかの競争視点や連続跳躍回数などの共創視点をもたせて取り組ませると盛り上がる。

指導ポイント

なわの長さが長くなることにより困ることを考えさせます。

〈ターナー〉

回し方
「手首ではうまく回せないよ」

リズム
「同じようにリズムをとっているのにうまくいかないよ」

〈ジャンパー〉

「場所によって高さが違うからひっかかりやすくなった」

「1人のことだけ考えてたらなわに入れないよ」

一定のリズムで回すにはどうしたらいいのだろう？

どうして4人同時にとぶことが難しいのだろう？

・腕を伸ばして大きく回す。

・お互いの声が聞こえない。ひざを曲げて体の上下をそろえるなどして合わせる。

・真ん中でとぶための4人の組み方を工夫しよう。

・入るときはなわに対して平行に！
・抜けるときは斜め方向に！

● **発展技**

人数を変えて取り組むと違った課題が生まれます。実態に合わせて取り組みを変えてみましょう。

2人バージョン

・幅が縮まるため1列全員が同じ位置でとぶことができる。
・外の子が長い距離を走らなくてよいため，次の助走位置に行きやすい。

5人バージョン

・幅が広がるため1列全員がそれぞれ異なる位置・高さでとぶ。
・外の子は長い距離を走るため，次の助走位置に行くまでに時間がかかる。

一斉ジャンプ

移動するのではなく，複数名が同時にとびます。さらには，入れ替わりながらとぶ方法もあります。

基本技

- なわの長さは4m～6m。人数は4～6人。
- 1分間で何人がとび抜けられるかの競争視点や連続跳躍回数などの共創視点をもたせて取り組ませると盛り上がる。
- はじめは2拍子とびでゆっくりと。慣れてきたら1拍子とびで高速とびにチャレンジ。

指導ポイント

続けるためのコツを考えさせます。

〈ターナー〉

- 脇を締め，ひじを支点にすると回しやすい。
- 腰をかがめて，なわが地面を這うように回す。
- 回し始めるとテンポが速くなりやすくなるので注意！

とび手と回し手がトントントントンなど同じ言葉を繰り返してリズムを合わせよう！

〈ジャンパー〉

とぶ位置　　　　　　　　とび方

- なわの最下点に集まってとぶ。
- 1列だと間隔が広まるので，2列にするなど隊形を工夫する。

○：ひざを伸ばして真っすぐとぶ。

×：ひざを曲げて高くとぶ。
→リズムがずれやすくなる。

発展技
10 over jump

・なわの長さは約10m。
・人数はとび慣れている4人から始め，徐々に増やしていく方がよい。
・なわが長くなると，下記のポイントに気をつける。

指導ポイント

みんなで長くとぶためになわが長くなることにより困ることを考えさせます。

〈ターナー〉

長いなわをどのようにすれば回せるのだろう？

〈ジャンパー〉

どうやったらみんなと合わせてとぶことができるのだろう？

役割①

・おへそ辺りになわを固定し，支点をつくる。

役割②

・重心を後ろにし，ひっぱりながら大きく回す。

「お互いが見えないからリズムもズレるよ。」

・図のような背中合わせの隊形でとびたくなるが，真ん中でぶつかることが多い。上図のように全員が同じ方向を向いてとぶなど，隊形の工夫が必要。

他バージョンも試してみよう。

ルールを何回連続してとぶことができるのか？にすると……いろいろな思考が生まれます。

・両足とびではなく，交互とびにするなどとび方を工夫する。

「トントントントン」→1拍子とび
「トーン　トーン　トーン」→2拍子とびなど
子どもの実態に合わせてリズムを変える。

IN RUN OUT

・なわの長さは約10m。
・なわの中には常に一定の人数が入っている（人数が多いほど難しい）。
・出て入るのは8の字と同じであるが，抜ける方向が8の字と反対になる（0の字とび）。

> 指導ポイント

途切れず，みんなでとび続ける方法を考えさせる。

〈ターナー〉

回し方
「入るとき，出るときにぶつかる」

「なわがはね上がる」

〈ジャンパー〉

進む
「なかなかうまく前に進めない」

「うまく抜けられない」

どうやったら上手に回すことができるんだろう？

どうやったらうまくとび進めることができるんだろう？

・重心後ろ。
・腕をまっすぐ。
・たたきつけないように腰を低くし，なわをひきずるように！

・一定の距離を保って。
・幅を考えて。
・リズミカルに。
・出るときは重心をかたよせてから。

■うまくいかないときは…

列数を減らす（2列→1列）

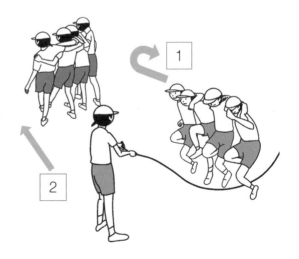

次の動きを考えると①の向きに抜けるのが理想であるが，難しい。そこでなわの速度を落とし，②の向きに抜けるとうまく抜けられ，続くことができる。

②授業展開モデル

　長なわを使った授業展開例を紹介します。なわが長いからこそ，たくさんの仲間が同時にかかわることができ，たくさんの仲間がかかわるからこそ"できた"喜びや達成感を何倍も味わえます。そのためにも単元を通し「共創」と「競争」の視点をうまく織り交ぜながら，子どもたちが主体的に取り組む授業づくりを……。

○単元計画　　　共創なわとび　～長なわ編～　6年

	unit 0	unit 1		unit 2	
	1時間目	2時間目	3時間目	4時間目	5時間目
【技能】・なわや仲間の動きに応じて，自分の動きを調整することができる。					
【態度】・互いに教え合い，励まし合いながら，協力して運動することができる。					
【思考】・スムーズに（途切れないよう連続して）続くための回し方ととび方を考える。 　　　　・仲間やなわの動きを観察し，なわにひっかからないようなとび方を考える。 　　　　・とび手を意識して，なわに引っかからないようななわの回し方を考える。					
○本単元の流れがわかる。	○中なわで，8の字・一斉ジャンプをとぶことができる。 ・回し手ととび手がリズムを合わせ，引っかからないようなコツを共有する。		○中なわで，8の字・一斉ジャンプをとぶことができる。 ・回し手ととび手がリズムを合わせ，引っかからないようなコツを確認する。	
○2つの基本のとび方（8の字・一斉ジャンプ）を知る。	○記録会（8の字・一斉ジャンプ）に挑戦する。 ・1分間の記録をそれぞれ測定する。 ・役割を交代し，それぞれ2回測定する。 ⇒競争を通して短い時間でコツを共有しようとする気持ちを積極的にもたせる。		○記録会（8の字・一斉ジャンプ）に挑戦する。 ⇒各チームで具体的な目標を立て取り組ませる。 ・1分間に120回 ・ミス3回以内　　　　　など	
○「集団なわとび」（長なわ）の方法を知る。	○集団なわとびに取り組む （集団8の字・10 Over Jump・IN RUN OUT) ⇒中なわで学んだコツを活かして，さらに人数が増え，複雑な動きを要する集団なわとびに取り組む。		○集団なわとびを成功させる。 （集団8の字・10 Over Jump・IN RUN OUT) 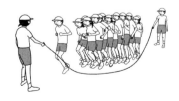	

○授業展開例（第3時）

学習活動および内容	指導上の留意点 （主な発問と児童の思考の流れ）
1．学習に向かう心と身体の準備をする。 ◎「8の字とび・一斉ジャンプ」における見つけたコツ（回し手・とび手）を確認する。 ・声かけ ・とび方・回し方	○「8の字とび・一斉ジャンプ」におけるコツ（声かけ・回し方・とび方）を具体的に発言させ，前時までの取り組みを思い出させる。 ○「8の字とび・一斉ジャンプ」のコツと「集団なわとび」との共通点をおさえる。
2．「8の字とび・一斉ジャンプ」の記録会を行う。 ◎回し手ととび手のコツの確認を行ったり，他チームのコツを試したりする。	○前時までのとび方や回し方のコツを想起させる言葉がけを各チームに送る。 ○8の字では片足踏切・片足着地を，一斉ジャンプではひざを曲げないとび方を意識させる。
3．本時の課題を知る。 ◎「IN RUN OUT」を確認する。	「IN RUN OUT」にチャレンジしよう！ ○「IN RUN OUT」は8の字の動きと一斉ジャンプの動きが合わさったものであったことを子どもたちに確認させる。
4．10人1グループに分かれ「IN RUN OUT」に挑戦する。 ◎どのようにすればできるのかをこれまで学習してきたコツから頭で考え，実際に身体でやってみる。	○これまでに「8の字とび・一斉ジャンプ」で学習してきたコツをどのように生かしたらよいかを話し合わせる。 ○これまで発見してきた「リズム」「声かけ」「とび方」「互いの距離」「とぶ位置」などのコツを再確認し，共通点や相違点を考えさせることで，課題解決の手がかりとさせる。
5．まとめ ◎これまで学習してきた「8の字とび・一斉ジャンプ」のコツと集団なわとびとのコツの共通点と相違点をまとめ，次回の見通しをもたせる。	○「IN RUN OUT」にうまく取り組めていたチームを取り上げ，全体で共有を図らせる。

コラム

1本のなわがつくり出した1年のドラマ

　20人が一斉に1000回続けて大なわをとぶ光景を見ました。終わった後，教師・子ども全員が抱き合って喜ぶ姿を見ました。「すげぇな」以外言葉はなく……。

　初めて高学年をもちました。どんなクラスができるのか……　不安しかなかった自分の頭に真っ先に浮かんだのはあの光景でした。達成することにどんな価値があるのか，何の意義があるかはわかりません。でも達成して初めてわかることってあるのではないか。理論や理屈じゃない。"あれができるクラスは絶対にすごいクラス"という不確かではあるがその"すごい"を味わいたくて，味わわせたくて取り組むことを決意しました。6月所信表明の場。「先生の夢は……」と言ってその映像を観せました。終わった後「こんなクラスをめざしたい」誓った先の子どもたちはポカーンと口を開けていました。

　翌日から始まった練習。1回とぶどころか……　13mのなわを回すことすらできません。映像の子どもたちはあんなに軽快にとんでいたのに，回していたのに。……1回が遠い。「先生やめよ。失敗して笑っているような『今』ではあかん。まずは20人で1回じゃない。1人で1回から」そこから始まった1人練習。2人が中なわを回して1人で100回とびます。最後の1人が100回とべたとき……　みんなで泣いて喜んで……。誰かがつぶやきました。「ようやくスタートや」

　はじめは回せなかったなわが，とべなかったなわが10回，30回，50回を刻んでいきます。初めて20人で100回をとんだのは取り組んで3か月経った夏の盛り。汗に交じって光った涙……。

　何度も何度も迎えた回数の壁。その都度生まれた言葉は数知れず。「音だけじゃなく声を出してリズムを確認しよう」「私たち信じて回してくれてんねんで！　自分らがあきらめたらあかんやん」「幅をもっと考えよう。20人が1人になるように」。はじめは何人かだった反省会の輪。それが日を重ねるごとにその輪は広がり……いつしか全員集まってのものになっていました。

　12月。取り組んで半年。回し手のカウントがリズムよく刻まれていきます。「100…200…500…800…」。とび手の声が次第に大きくなっていきます。「集中！」「ここから！」「気持ち1つに！」「とぶ位置，リズム確認！」。

　「980…990…1000！」回し手が涙の交じった声で叫びました。「よっしゃー！　まだまだいくぞ！」一番無口な子が叫びました。泣いていました。自分は……かすんで何も見えませんでした。

　卒業式前日。「もう1回みんなでとんでみようや」誰かの提案で急きょ体育館へ。全くとべない，回せない自分たちに思わず全員で大笑い。ただそこに22人の笑顔と涙がありました。達成した先に何が手に入った？　どんなクラスになった？……言葉に表すことは難しい。

　たかがなわ1本，されどなわ1本。1本のなわがつくり出した1年のドラマ。僕は決して忘れません。

第 3 章

運動会でみんながつながる！
「なわとび」集団演技プログラム

仲間と競い合う（競争）のではなく，仲間と共に創る（共創）「キズナワ」のコンセプトは，運動会でも大いに活用できます。ここでは，集団演技にするための隊形例，お勧め選曲リストや魅せ方などを紹介するとともに，集団演技の作品も紹介しています。
各学校の実態や人数に合わせて，ご活用ください！

1 基本隊形例

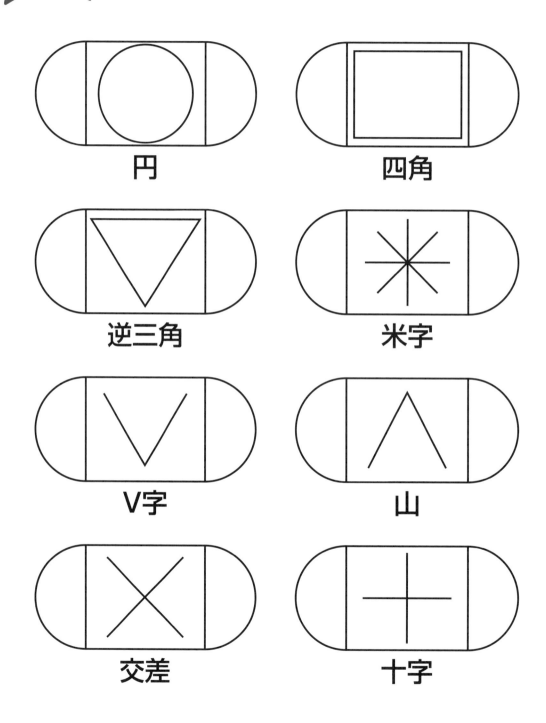

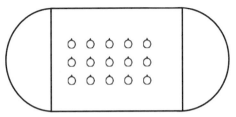
縦並び

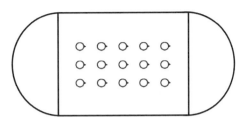
横並び

①円

①円　　②二重円　　③複数円

②縦列・横列

①正面整列　　②左右　　　　　　　③前・後ろ

④列ごと左右　　　　　⑤ボーリングピン

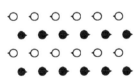 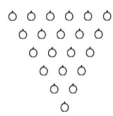

第3章　運動会でみんながつながる！「なわとび」集団演技プログラム　101

2 魅せ方

なわを使って 踊る ・ とぶ を曲の中に組み合わせながら演技構成を考えていく中で、魅せ方の工夫が重要なポイントになってきます。見ている人に変化や動きを感じてもらえるように、技ももちろん大事ですが、魅せ方次第で、観客側の印象もずいぶん変わってきます。

ここでは、いくつかの魅せ方を紹介したいと思います。

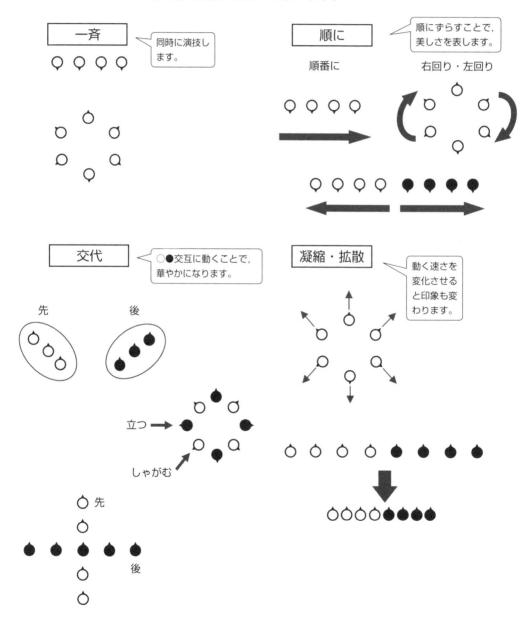

なわとびがつなぐ子どもの心

「先生，この子は自分に自信がないんです……」

Ａの家庭訪問のときに言われた言葉でした。Ａはとても物静かで，優しいところがある反面，特定の友達としか話せない子どもでした。私はＡに「何か仲間と達成感の味わえることを！」と考え，体育委員会が毎年開く「校内なわとび大会」に参加させようとチームに誘いました。毎日３回の練習に真面目に参加し，どんどんと上達していきました。

大会が１か月前に迫ったある日，練習が終わった後にチームキャプテンが私に言いました。「記録が伸びへん。このままやったら優勝できへん」原因は明らかにＢという子でした。練習に来たり来なかったりが続き，チームのペースについていけなくなっていました。Ｂはそれからしばらく経つと全くチーム練習に参加しなくなりました。

Ｂと話をしないと……と考えていたある日，Ｂが久しぶりに練習に参加していました。相変わらずとべたり引っかかったりの繰り返しで記録は伸びませんでした。ただ変わったことが１つだけありました。その日からＢが練習をさぼらなくなったことです。結局，大会までＢはがんばり通し，チームも優勝することができました。

大会の後，Ｂに話を聞くと，意外な答えが返ってきました。「休み時間にＡがキャプテンと来て，『練習行こう』って誘ってくれてん。めっちゃうれしかったわ！」チームとしてだけでなく，Ａの個人としての成長も観ることができた素晴らしい大会でした。

人と人がつながる「キズナワ」

私は，共創なわとびの授業に３年間継続して取り組んでいます。授業を重ねるにつれ，自然と子どもたちから「やったー！」と達成を喜ぶ姿や，「○○くんもうちょっと！」という励ます声などが聞こえてくるようになりました。基本の技ができるようになったグループは，技と技を組み合わせたり，新しいとび方や抜け方を考えたりし始め，最終的には子どもたちからの願いで発表会を行い，なわとびでのつながりがグループからクラスへと広がっていきました。

昨年度，私の授業を見ていたある先生が，「なんで，なわとびの授業で盛り上がるんですか？」と，声をかけてくれました。それから，その先生と２人で授業がどうだったかをふりかえる時間が続きました。

次の年，偶然にもその先生が受け持った学年を私が担任することになりました。すると，子どもたちが「先生！ なわとびの授業やろうよ！」と話しに来ました。自分が教えてもらったこと，そして同僚の先生が行ってきたことが，つながっていることにうれしさを感じました。

3 入場時・移動時例

　なわとびを持っての入場や移動の例を紹介します。同じ場所でとんでいるだけでは見栄えがせず，見ているほうも飽きてきます。入場・隊形移動を児童の実態に合わせ，工夫することで同じ動きや技でも違って見えてきます。

　とぶことを取り入れるのか，なわを使ってとばない動きを取り入れるのかでずいぶん変わります。音楽の曲調やリズムに合わせ考えていくことが大切です。ここでは一例を紹介します。

①入場隊形例

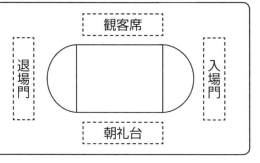

図の見方
- 円はトラック線
- 下側が朝礼台
- 左側が退場門
- 右側が入場門

①突撃

　駆け足で入場門・退場門に分かれて走って自分の位置へ行く。

- なわを片手に持って。
- 頭上でプロペラをしながら。　等

②アリの行列

　列ごとに先頭の児童の動きに合わせて他の児童がついていく。

- 自由に動く。
- 足の動き（スキップ，かけ足）や手の動き（上下・なわ回し）。
- とびながら。　等

③列ごとフリースタイル

　列ごとに先頭の動きに合わせ入場する。

- なわを持ってなわに動きをつけながら走る。

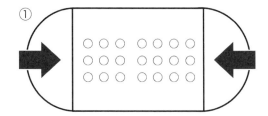

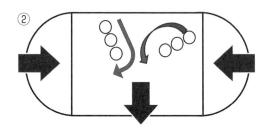

④列進行

　列であらかじめ観客席側のラインに並んでおく。

　横の列を合わせながら一斉に前進していく。

- とびながら（かけ足・前とび）。
- とばないで（なわを使って行進しながらダンスや手の動きを工夫する）。

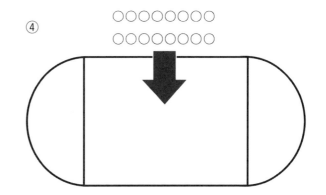

⑤位置について

　前奏で簡単なとび技やダンスを入れたいときは，整列した状態だと，簡単な技だと見栄えもしやすい。

- とぶ技から入る（全員・列ごとなど）。
- ダンスから入る（整列しているという条件をうまく使った全員での動きをする）。

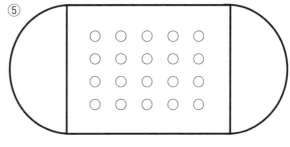

⑥花咲き

　前奏，もしくは高学年であれば2曲構成の際に，全員が中央に集まった演技から曲が進むにつれて，または，前奏が終わるとともに広がって大きな演技にしていく。

- なわを使ってのダンス（集団を利用して）。
- なわは隠しておき，集団として組体操1曲目で使う全員技（波・ウェーブ・ドミノ等）。

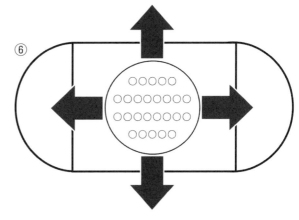

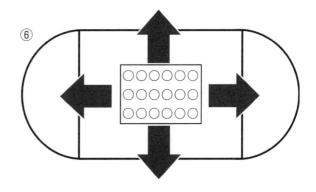

②移動例

なわを用いて

①グーパーグーパー

なわを2回折りで持ち，頭の上で閉じる開くを繰り返す。

②右左右左

なわを2回折りで持ち，手を挙げて右左に傾ける。

③波走り

なわを2回折りで持ち，手を上下させながら，自由な動きで手を動かして動く。

④ヘリコプター

なわを1回折りで持ち，上でプロペラのように回しながら移動する。

⑤サイドスイング

なわを1回折りで持ち，どちらか片方でなわを両手で回す。

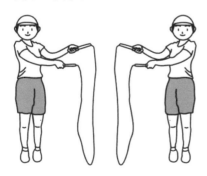

⑥かえし

サイドスイングを両方で行う。

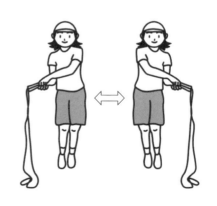

|とびながら|

①ケンケンパー

　足でケンケンパーをしながら前とびで進んでいく。

※ずっととびながらではなく，パーのときに静止を入れながら移動することでめりはりができる。

②交差歩きⅩとび

　なわを用いて前ページの⑤の動きで，右→左→とぶを繰り返す。とぶ際はⅩとび。

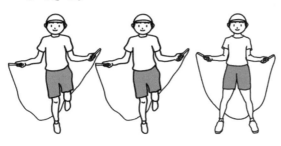

③その他移動に向いたとび方

　・かけ足とび　　・後ろとび　　・けんけんとび　　・グーチョキパーとび　等

|隊形を変える|

①となりと交代（上下・左右）

②列で移動

③観覧車

④エックス→2列

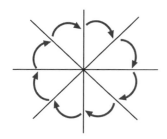
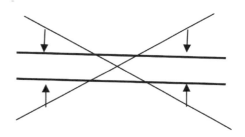

8孤間で1つ時計回りに動いていく。

4 おすすめ選曲リスト

①選曲について

　なわとび演技にとって「選曲」はとても重要です。目の前の子どもたちの実態に合わせて，最適な曲はどれかを考えていきます。メインとなる曲の中に「サビではこの技が使えるか」「はじめの入りはとびやすいか」「リズムはつかみやすいか」など考えながら選曲します。

○選曲の基本
・1分間　120-140拍程度　　・行進曲のテンポ　　・子どもがノリやすい曲調
を基本に置きながら，子どもたちがとびやすい曲を選び，とび方を考えます。

○曲の構成を調べ，振り付けを考える
・選曲ができたら，その曲の構成を調べテンポを確認します。
・曲の構成に合わせて，なわを持って踊るところ，隊形，どのような技を入れるかを考えます。
・最後に，もう一度振り付けが曲に合っているか，とびにくいところはないか等を検討します。

○高学年選曲の工夫

　高学年で演技を行う際，中学年とは違う2曲構成や，1曲の中にテンポが異なる部分が入っている曲を用いることで，工夫してみるのもいいでしょう。

　中学年に比べ難しい技を入れられるのも高学年の演技の魅力です。しかし，なわとび運動は高学年になるにつれ，技の技術の差が大きくなってきます。全体としての演技を考える際には，そのことも考えながら，全員が輝けるリズムなわとびをつくっていってもらえたらと思います。

　また，高学年では，①多人数技　②グループごとの自由演技を入れることも，仲間との達成感，子どもたちの自主性と意欲を高めることにつながります。

　エイサーや日本の伝統舞踊の曲を使い，踊りとなわとびを組み合わせることも高学年なら可能です。子どもの実態に合った曲をぜひ見つけてほしいと思います。

 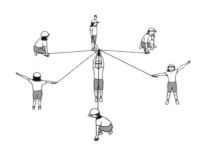 

②選曲リスト

（・歌手名「曲名」）

- 嵐　　　　　　　　「Happiness」
- E-girls　　　　　　「CANDY SMILE」
- いきものがかり　　「じょいふる」
- 宇野ゆう子　　　　「サザエさん」
- エイサー
- NMB48　　　　　　「ドリアン少年」
- Owl City & Carly rae Jepsen
　　　　　　　　　　「Good Time」
- ORANGE RANGE「イケナイ太陽」
- 関ジャニ∞　　　　「ええじゃないか」
- キマグレン　　　　「想い思い」
- キマグレン　　　　「LIFE」
- きゃりーぱみゅぱみゅ
　　　　　　　　「ファミリーパーティー」
- クマムシ　　　　　「なんだしっ！」
- GReeeeN　　　　　「KARAKARA」
- GReeeeN　　　　　「SAKAMOTO」
- Gorie with Jasmine & Joann
　　　　　　　　　　「Hey! Mickey!」
- 斎藤和義　　　　　「攻めていこーぜ！」
- 三代目 J Soul Brothers
　　　　　　　　　　「R.Y.U.S.E.I.」
- 三代目 J Soul Brothers
　　　　「Summer Madness feat. Afrojack」
- サンボマスター
　　　　　「できっこないをやらなくちゃ」
- 少女時代　　　　　「PARTY」
- SUEMITSU & THE SUEMITH KIDS
　　　　　　　　「アンパンマンのマーチ」
- STEPS　　　　　　「5,6,7,8」
- Sexy Zone　　　　「勇気100%」
- SEKAI NO OWARI「RPG」
- Champ United　　「タブサンピング」
- Dream　　　　　　「パラリルラ♪」
- Dreams Come True　「何度でも」
- Taylor Swift　　　「Shake It Off」
- ナオトインティライミ
　　　　　　　　　　「いつかきっと」
- Barbra Streisand「Duck Sauce」
- B'z　　　　　　　　「ultra soul」
- B.B. クィーンズ「おどるポンポコリン」
- flumpool　　　　　「君に届け」
- FUNKY MONKEY BABYS
　　　　　　　　　　「希望の唄」
- BENNIE K　　　　「サンライズ」
- Berryz 工房　　　「ジンギスカン」
- MINMI　　　　　　「ホログラム」
- miwa　　　　　　　「360°」
- モンゴル800　　　「小さな恋の歌」
- ゆず　　　　　　　「かける」
- ゆず　　　　　　　「OLA!!」
- One Direction
　　　　　　　「Live While You're Young」
- きただひろし　　　「ウィーアー！」

5 集団演技作品

*ANNIVERSARY!!
Words by Hana Utsu Gi
Music by Fast Lane & Skybeatz
©by REACTIVE SONGS INTERNATIONAL AB
All rights reserved. Used by permission.
Rights for Japan administered by NICHION, INC.

中学年 「Anniversary!!」(E-girls)*

横8列

1 前奏

1 2 3 4　5 6 7 8
しゃがんでおく

2 前奏

1 2 3 4　5 6 7 8
しゃがんでおく

3 前奏

1 2 3 4　5 6 7 8
手はパーで4呼間ずつ立ち上がっていく

4 前奏

1 2 3 4　5 6 7 8
手はパーで4呼間ずつ立ち上がっていく

5 前奏

1 2 3 4　5 6 7 8
4呼間ずつ斜めにしゃがんでいく

6 前奏

1 2 3 4　5 6 7 8
4呼間ずつ斜めにしゃがんで全員で立つ

7 悪戯な クチビルたち

1 2 3 4　5 6 7 8
右に曲げる　戻す
左に曲げる　戻す

8 UwaUwaWoo UwaUwaUwa

1 2 3 4　5 6 7 8
手を挙げたまま1回転。ポーズして前にとんでまたポーズ

9 騒ぎだしたら またまた Party

1 2　3 4
5 6　7 8
1 2 3 4　5 6 7 8

10 Timing (PartyParty Party)

1 2
3 4
1 2 3 4　5 6 7 8

← 7繰り返し ──────────→ 準備

11 ヒトリ, フタリと, 加わって

1 2 3 4　5 6 7 8
4回ゆっくりな前とび

12 Convertibleに 乗り込んだら

1 2 3 4　5 6 7 8
足になわをかけて
1回転（時計回り）

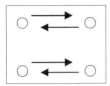

13 Let's drive! 夢を集めま	14 しょうよ	15 How do you How do you How do you feel it now?	16 やりたいこと 全部やらなくちゃ

1 2 3 4　5 6 7 8 また1回転（反時計回り）	1 2 3 4　5 6 7 8 引っかけて足踏み 5からトンパっパっ	1 2 3 4　5 6 7 8 左横まわし 4回	1 2 3 4　5 6 7 8 右横まわし 4回

17 若さなんて あっ！という間	18 に消える 毎日が	19 Anniversary みたいにきらめく	20 Diary Diary夏までは
		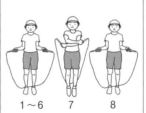	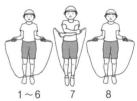
1 2 3 4　5 6 7 8 とぶ準備	1 2 3 4　5 6 7 8 1～6　とぶ準備 7 8　前とび回し出す	1 2 3 4　5 6 7 8 4拍子で前とび 7のときにあやとび	1 2 3 4　5 6 7 8 19と同じ

21 もう待ってらんな い風が気持	22 ちょく吹くから キミと	23 私が行きたい ところはいつでも	24 Paradise.... That's it! そうよ！
	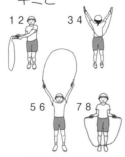	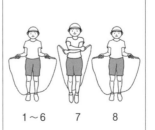	
1 2 3 4　5 6 7 8 前とび	1 2 3 4　5 6 7 8 横・後ろ・前 前とび	1 2 3 4　5 6 7 8 19と同じ 7のときにあやとび	1 2 3 4　5 6 7 8 前とび

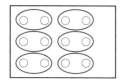
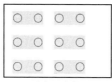

向かい合う

**㉕ つまんない
　時計はめたら
　キミと**

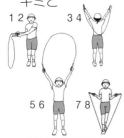

横・後ろ・前・止め
㉒1〜6同じ

**㉖ つまんない
　時間過ご**

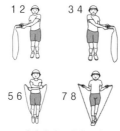

左まわし　右まわし
あや　止め

㉗ すのよ

1234　止め
5678　㉘の用意

㉘ 間奏

パーグーパーグーで
歩いて行く

㉙ 間奏

パーグーパーグーで歩いて行く

㉚ 間奏

2人組になって向かい合う

**㉛ 夜になったら
　砂漠に**

❼同じ
右に曲げる　戻す
左に曲げる　戻す

**㉜ UwaUwaWoo
　UwaUwaUwa**

❽同じ
手を挙げたまま1回転。ポーズして前にとんでまたポーズ

**㉝ ナミダがでるくら
　い綺麗な星**

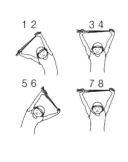

← ❾繰り返し →

**㉞ が降る　Foo loo
　Foo loo　Foo loo**

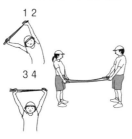

❿同じ　準備する

**㉟ 夜風を冷たく
　感じたら**

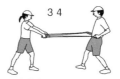

引っ張り合う　2往復

**㊱ くっつきながら
　眠ってみましょう**

1人立つ1人しゃがむ
を繰り返す　2往復

㊲か？ それも素敵で 1 2　　5 6 7 8 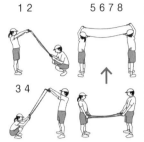 1 2 3 4　5 6 7 8 1人立つ1人しゃがむ なわを持って後ろに回る	㊳しょ　ねえ  1 2 3 4　5 6 7 8 なわを2人で持ち回転しな がら戻ってくる	㊴What do you What do you What do you think about?  1 2 3 4　5 6 7 8 2人でなわを回し始める	㊵朝の光浴びて 目覚めたら A B 1 2 3 4　5 6 7 8 《2イン1》 A A B B A B A B
㊶（ほらね）もう ヒトツ記念日が 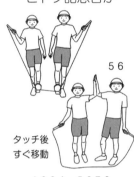 タッチ後 すぐ移動 1 2 3 4　5 6 7 8 ほらね→ポーズ もうひとつ→ハイタッチ	㊷また増える （新しい）  1 2 3 4　5 6 7 8 自分の位置に戻る とぶ準備	㊸ことばっかり 溢れてるのよ 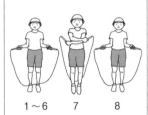 1〜6　　7　　　8 1 2 3 4　5 6 7 8 ⑲と同じ　前とび 7のときにあやとび	㊹Everyday （Everyday） 見逃した 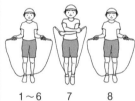 1〜6　　7　　　8 1 2 3 4　5 6 7 8 ⑲と同じ　前とび 7のときにあやとび
㊺ら　きっと一生 後悔を 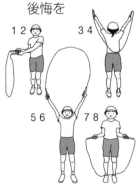 1 2 3 4　5 6 7 8 横・後ろ・前 前とび	㊻しちゃうかもね キミと  1 2 3 4　5 6 7 8 前とび	㊼私が欲しいものは 麗しき 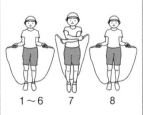 1〜6　　7　　　8 1 2 3 4　5 6 7 8 ⑲と同じ　前とび 7のときにあやとび	㊽Memories... That's It! そうよ! 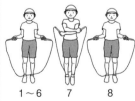 1〜6　　7　　　8 1 2 3 4　5 6 7 8 ⑲と同じ　前とび 7のときにあやとび

49 つまんない Life style じゃ 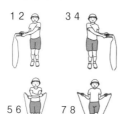 横・後ろ・前・前	**50** つまんない オトナに 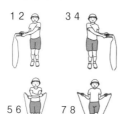 左回し 右回し あや　止め	**51** なるのよ Happy days Happy end  前とびの準備	**52** 映画の中で　見た  1　2　準備 3〜8　前とび
53 ことがある場面全  《アームラップ》	**54** 部　経験したい With  巻きつけ止まっておく	**55** you  巻いた手を突き上げる	**56** 間奏 Ah ah ah Ah ah ah Wow Wow ←ほどきながらクラスごとに 二重の円になる→

広めの二重円

57 間奏 Ah ah ah Ah ah ah Yeah yeah  ←ほどきながらクラスごとに二重の円になる→ 手は上・下・上・下	**58** 間奏 ワクワクした 	**59** 間奏 い！ How about you? 準備	**60**（毎日が）アニバーサリーみたいにきらめく 立って上（下） しゃがんで下（上）

61 Diary
Diary夏までは

1 2 3 4　5 6 7 8
全員上でパー

62 もう　待ってらんない　風が気持

1 2 3 4
5 6 7 8
順番にウェーブのようにしゃがんでいく

63 ちょく吹くから キミと

1 2 3 4
5 6 7 8
順番にウェーブのようにしゃがんでいく

64 私が行きたいところはいつでも

1 2 3 4　5 6 7 8
足はケンケン
手は左・右　×2

66 前を向いたまま

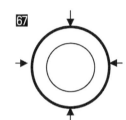
67

真ん中にぎゅっと集まる

65 Paradise....
That's it!
そうよ！

1 2 3 4　5 6 7 8
足はケンケン
手は左・右　×2

66 つまんない 時計はめたら

1 2 3 4　5 6 7 8
内円だけさらに中心に
グーパーグーパーでバック

67 つまんない 時間過ご

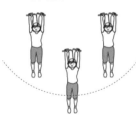

1 2 3 4　5 6 7 8
外円だけさらに中心に
グーパーグーパーでバック

68 すのよ

1 2 3 4　5 6 7 8
しゃがむ

69 Wow Wow

1 2 3 4　5 6 7 8
内円立つ

70 Paradise! And I'm

1 2 3 4　5 6 7 8
外円立つ

71 calling you

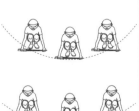

1 2 3 4　5 6 7 8
全員が座る

72 やー！！！！！

1 2 3 4　5 6 7 8
立ってポーズ
内 立つ 外 立ひざ

第3章　運動会でみんながつながる！「なわとび」集団演技プログラム　115

高学年 「UFO」(ピンク・レディ)

```
○○○○○○○○
○○○○○○○
○○○○○○
●●●●●
●●●●
●●●
●●
●
```
ボーリングピン

1 前奏
タララ
タララ…

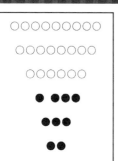

1 2 3 4　5 6 7 8
立ひざでかがんで待つ

2 ピーポー　　　　　　ピーポー

○後列

●前列

○前とび→クロスフリーズ
●1〜4しゃがむ→前とび
→クロスフリーズ

3 ピーポー
　　ピー

1 2 3 4
2のまま，1回転

4 UFO！

6屈伸
6.7「UFO！」で
手を頭上に挙げる

5

1 2 3 4　　　　　5 6 7 8
(なわを手に持ち)腕を上下に重ね右→
左ひじを交互に上げながら左右へ動く

6 手を合わせて
　　見つめるだけ
　　で

1 2 3 4　5 6 7 8

《交差　サイドスイング》
1 2　右　3 4　左
5 6　右　7 8　左

7

4のとき足を上げる　8のとき足を上げる
1 2 3 4　　　　　　5 6 7 8

《交差　サイドスイング》
1右　2左　3 4右・足は左
5右　6左　7 8右・足は左

8 愛し合える話も
　　できる

1 2 3 4　5 6 7 8
6と同じ
《交差　サイドスイング》

9

1 2 3 4
5〜8
1 2 3 4　5 6 7 8

《交差　サイドスイング》
1右　2左　5〜8準備